Manual de Magia com as Velas

Ortiz Belo de Souza Vulcano

Manual de Magia com as Velas

Anúbis

1ª edição | outubro de 2021 | 1.000 exemplares

Distribuição exclusiva
Aquaroli Books
Rua Curupá, 801 | Vila Formosa
São Paulo | SP | 3355-010 | Brasil
Tel.: (11) 2673-3599

Editores responsáveis: Marcelo Aquaroli e Milena Lago
Revisão: Elaine Cristina dos Santos Silva
Projeto gráfico e capa: Edinei Gonçalves
Apoio cultural: Rádio Sensorial FM web
www.sensorialfm.com.br

Dados Internacionais de Catalogação na Publicação
(CIP) (Câmara Brasileira do Livro, SP, Brasil)

Souza, Ortiz Belo de
Manual de magia com as velas / Ortiz Belo de Souza. -- São Paulo : Anubis, 2021.

ISBN 978-65-88661-02-4

1. Espiritualidade 2. Magia - Esoterismo 3. Mediunidade 4. Umbanda 5. Velas I. Título.

21-75871 CDD-299.672

Índices para catálogo sistemático:

1. Umbanda : Instrução religiosa : Religião 299.672 Aline Graziele Benitez - Bibliotecária - CRB-1/3129

São Paulo/SP – República Federativa do Brasil
Printed in Brazil – Impresso no Brasil

Este livro segue as novas regras do Acordo Ortográfico da Língua Portuguesa.

Sumário

PRÓLOGO

O Caminho do Iniciado

Para entender a razão de viver e de estar na espiritualidade, é necessário encontrar-se nas pequenas histórias e vivenciá-las como se fossem a nossa própria história!

Um discípulo estava junto ao seu mestre recebendo ensinamentos sobre as coisas da criação, muito atencioso e com uma enorme vontade de aprender indagou seu professor:

– Mestre como alcanço a iluminação, a evolução? E quando poderei ajudar alguém?

O mestre muito sábio mostrava-se calmo em sua fala, em seu rosto, vincado pelo tempo, seus cabelos brancos como neve eram tão claros que se iluminavam em meio o contraste entre a fogueira e à escuridão. Ao fundo uma pequenina casa feita de barro, com velas acesas dando um ar de serenidade ao ambiente acolhedor e mágico.

O sábio, segurando seu cajado e sentado em uma árvore há muito caída no chão, baforou seu cachimbo, soltando uma fumaça que adornava em imagens na noite, defumando com uma fragrância de ervas colhida pelas mãos do velho morador, e ele falou pausadamente:

– Meu filho, sua jornada iniciou-se há algum tempo, porém, muito ainda se faz necessário para atingir seus objetivos através do conhecimento, fazendo com que estes encontros com a sabedoria, materializem-se e façam-se realidade.

O velho mais uma vez pausou sua fala, mexeu em seu cachimbo calmamente e com seu cajado apontou ao longe nas montanhas distantes.

– Está vendo aquela luz distante?

O velho apontava uma luz dias distante do local que se encontravam.

O discípulo observando as montanhas viu a luz que se perdia em meio à imensidão da paisagem entre as montanhas longínquas.

E o sábio continuou:

– Você vai em uma valiosa jornada de aprendizado, na próxima lua sairá pela estrada dos peregrinos para ir até aquela pequenina casa, que se mostra através da luz de lampião acesa ao longe.

No caminho encontrará algumas pedras que se mostrarão e só você conseguirá saber quais são estas pedras, esse caminho é só seu e elas de alguma maneira farão parte do que está buscando.

E ele continuou:

– A primeira pedra é a da perseverança, só aqueles que perseveram alcançam seus objetivos. A segunda pedra é a da crença, crer é à base de tudo, pois só assim não se abalará com os desencontros e negativismos que encontrará em sua jornada. A terceira pedra é a da ação e reação, esta servirá para que entendas que tudo o que fizeres refletirá exatamente como feito. A quarta pedra é a da afinidade, esta pedra mostrará que existe afinidades sobre ações boas e ruins, cabe a você ter afinidade com o que é bom, pois o ruim pode parecer fácil, mas não é bom. A quinta pedra é da razão e bom senso, esta mostrará que tudo o que fizeres deves estar pautado na razão e bom senso, fora disto cairá em erros terríveis. A sexta pedra é a do amor e capricho, esta pedra te mostrará que todas as coisas devem ser feitas com amor e capricho, só assim conseguirá entender plenamente os ensinos passados e refletirá esses aos necessitados. A sétima pedra é a da magia, esta te mostrará que magia é a arte de viver em harmonia com O Criador e com a criatura. A oitava pedra é a da humildade, pois só o espírito limpo e humilde conseguirá viver em paz e assim repassar aos seus. A nona pedra, esta encontrará no final de sua jornada, na pequenina casa.

O jovem aprendiz agradeceu ao mestre por ter-lhe dado a oportunidade de tamanha tarefa para ajudá-lo a compreender sua existência, e chegado o momento da lua anteriormente avisada o discípulo foi ao encontro da sabedoria...

Introdução

Ao observar o mundo com os olhos da espiritualidade sempre estaremos adentrando em camadas das quais nos possibilitam melhorar este olhar, aprendendo a cada dia sobre os planos da existência, sobre suas forças e sobre os seres que habitam o universo humano.

Qual o valor que devemos dar a nossa espiritualidade? Acredito que aprimorar sempre é sinônimo de evolução, são caminhos que escolhemos na grande jornada da encarnação, valorizamos assim o que nos tornamos. Todas as religiões que se utilizam de velas em seus rituais são magísticas, passar esse conceito dentro da esfera religiosa de Umbanda é dar abrangência aos estudiosos da religião e aos estudiosos da espiritualidade em geral. Acender uma vela é um dos atos mais antigos dentro das religiões, a vela conta o tempo, a vela está ligada à sua fé, a vela tem o poder de mudar realidades com tudo de melhor que possuímos entre nós e a espiritualidade.

O *Manual de Magia com as Velas* traz estas características, com o foco no aprimoramento, ressignificando e atraindo o Poder existente, podendo fazer com que os irmãos tenham ferramentas e uma grande referência de atuação espiritual. O manual é uma sequência de informações que dotam um medianeiro, ou médium, de ter capacidade para evocar forças que existem na espiritualidade, com a finalidade de atrair vibrações positivas e de valorizar sua própria mediunidade, valorizar o que se tornou. Ainda dando uma visão de espaço a todos aqueles que atuam na espiritualidade, trazendo a observação do quanto os guias de umbanda utilizam-se da magia religiosa em seus pontos riscados.

Como explico nas linhas que se seguem sobre o que é magia, entrando na história e nas grandes referências que já existiram, unindo informações de vivência sobre a magia religiosa. O olhar atual deve ser através de doutrinas que descortinam forças até então herméticas dando abrangência ao campo de interpretação e ação dos iniciados. Sem adentrar em particularidades de ritos de preparo, que devem ser velados e respeitados dentro da tradição, mas dar entendimentos é para nós dirigentes espirituais um dever! Lembrando que a semeadura é livre, mas a colheita é obrigatória! Dessa maneira, entendemos que o dever de uma pessoa que se espiritualiza é fazer o melhor ao próximo, assim esta obra traz direcionamentos que farão com que o iniciado reflita sobre sua jornada e ao mesmo tempo é uma ferramenta valiosa a ser aplicada na vida. A magia religiosa é uma poderosa ferramenta, que segue uma construção fundamentando a força que todos nós podemos alcançar, basta ter a mente aberta e determinação, querer é poder! A transformação de uma pessoa se dá por entender sua jornada, aqui creio que se iniciará um novo tempo, pois acredito que o renascimento se dará aqui e agora através da magia.

Para sermos capazes de realizar algo é necessário receber o aprendizado, ser iniciado, ter o respeito sobre as hierarquias. Aquele que se apropria do saber torna-se um ser melhor, responsável, tendo em sua referência a humildade e a responsabilidade de repassar o que aprendeu para aqueles que ainda não encontraram o caminho!

Autor

A HISTÓRIA DA VELA

Creio que muitos dos irmãos religiosos, seja da umbanda ou qualquer religião que se utiliza de vela faz uma pergunta! De onde vem à vela e qual sua história, qual trajetória percorreu até os dias de hoje?

Entender a procedência de tudo que utilizamos dentro de nossa liturgia é sensato, tendo em vista a valorização que passamos a dar quando interpretamos e entendemos o elemento utilizado. Só assim conseguimos não só dar bom uso ao elemento com todas as suas forças, mas também utilizaremos de nossas faculdades espirituais com maior intensidade, e com certeza, quando interpretado de maneira sábia, o poder evocado e o trabalho realizado se expande em luz, mudando realidades. Lógico que se faz interessante, duas colocações, uma; o conceito religioso ao qual estamos apoiados, outra; o iniciado em questão, entendido estas duas situações a utilização da magia com as velas determinará resultados. Lógico que estamos aqui tratando de uma forma de interpretação, da qual tem como base um conceito dentro da doutrina religiosa de Umbanda. As abordagens vêm com um pensamento construtivo interpretativo da razão de como a mecânica espiritual ocorre, portanto, mesmo estando com esta base religiosa à obra é abrangente servindo aos propósitos de estudiosos da magia.

Compreendendo a origem do elemento e colocando-o dentro de uma liturgia baseada na verdade, onde se fundamenta de maneira racional, dando ao iniciado a interpretação sábia e correta, é um ponto crucial para definirmos a utilização da vela, ou qualquer outro elemento a ser utilizado. Não existe mágica, não existe ilusão, nem definição ou alegoria que possa infringir o caráter da retidão determinada pela sabedoria divina, e, para que haja a existência de tamanha força, digo ainda, existem milhares de iniciados, mas apenas poucas centenas estão dentro dos padrões corretos determinados por uma Lei imutável do bem e da paz. Diferente do que muitos possam entender, ou mesmo dentro do mundo profano, ao acendermos uma vela, algo está ocorrendo, mesmo que esta seja acesa apenas na intenção de iluminar um ambiente. O outro ponto que coloco de maneira crucial é o próprio iniciado, ou médium, este por sua vez é um ser humano, passível de variantes das mais incríveis, pois trata-se de um ser pensante que sempre estará sendo influenciado. As influências a nós determinadas provêm primeiro, de herança familiar, pois o meio onde crescemos determina muito do que somos, portanto mesmo que haja o conceito religioso estabelecido em sua base, onde a utilização da vela e outros elementos são determinantes em sua positividade, o indivíduo já vem contaminado por uma doutrina familiar. Portanto o iniciado, ou médium, em sua trajetória deve reconstruir-se como ser humano voltado ao princípio ético e altruísta, que é base segura do trabalho assertivo. Estar em ufania em relação à existência determina resultados e com isto, o sucesso, portanto sabermos sobre a história da vela vai muito além do apenas saber, é educar a mente e caminhar sabedor dos valores internos e externos.

A palavra velar vem de vela, que significa tomar conta, cuidar, o ato de acender uma vela vai além do que muitos imaginam, por esta razão acendemos a luz que cuidará de nossos caminhos e a história contada revela valores importantes para nossa compreensão. Nós que cremos na reencarnação, quando nos deparamos com a história de fatos da humanidade, em algum momento encontramos a nós mesmos.

O objetivo deste prólogo é ativar sua memória ancestral, dentro da história da vela, que como pesquisei, se mistura e está junto com o processo evolutivo da raça humana.

A história recente e novas pesquisas mencionam que os homens modernos surgiram há cerca de 200 mil anos na região central da África, a partir de onde teriam migrado para a Europa e Ásia, através do Oriente Médio. Entendendo que algumas situações que ocorreram no passado determinam muitos acontecimentos na história da existência das velas, e entre eles destaca-se um relato importante, que entre 92 mil e 45 mil anos atrás, numa caverna nos arredores de onde existe hoje a cidade de Nazaré, em Israel. Um grupo de homens, mulheres e crianças, olhou para o horizonte e viu a aproximação de outro grupo de indivíduos que, de longe, tinham uma aparência familiar. Quando este grupo chegou mais perto, os moradores da caverna perceberam que aqueles não eram seus semelhantes. Enquanto os habitantes do local tinham pele escura, estatura mediana e andar equilibrado, os recém-chegados eram claros, estatura baixa e andar cambaleante, apenas uma característica era comum, a curiosidade de ambos os grupos e marcas deixadas na utilização de ferramentas e elementos, entre esses elementos a utilização de maneira rudimentar de uma forma de vela.

Pesquisadores revelaram que nessa época esses grupos utilizavam-se do que entendemos serem, os primeiros registros sobre a existência das velas. Confeccionadas de gordura animal e fibras de plantas como pavio, acredita-se que a utilizavam como um meio de iluminar o ambiente que se encontravam. Alguns pesquisadores, em suas observações, de cunho científico cético embasaram toda a abordagem dentro de um pensamento baseado apenas na ciência. Outra linha da antropologia se enveredou no estudo desses grupos em várias questões, encontrando evidências importantes sobre a utilização das velas. Entenderam que esses grupos de primeiros seres humanos começaram a se organizar em laços de compreensão sobre o meio ao qual estavam vivendo e isto determinou muitas coisas no modo de vida.

Embora não se possa provar que utilizavam essas velas rústicas em questões espirituais ritualísticas, entretanto observando o que a história relata, não podemos deixar de citar que a evolução do homem fez com que ele encontrasse no meio da natureza, o divino. Ainda de acordo com relatos de estudiosos em escavações, encontraram indícios do que poderia ser uma cerimônia realizada em ritual fúnebre, ou mesmo, poderia tratar-se de alguma oferenda humana. Nessas escavações também encontraram indicativo de velas feitas de gordura animal dispostas em círculos, determinando um perímetro e um possível ritual.

"Aqui sobre este relato quero chamar a atenção do leitor; eu como religioso sempre vi e compreendi que tudo segue um padrão organizado por uma força maior. Seres iluminados divinizados sempre acompanharam nossos passos, seres humanos que estão dentro de um processo

evolutivo, portanto creio que já havia uma inteligência, algo a mais que iniciou o culto a natureza, e o fogo, vela ou fogueira, carregam uma força que direciona a humanidade até os dias de hoje".

A divisão da pré-história para a história deu-se no advento da escrita, citado mais a frente com maiores detalhes, após a pré-história citada anteriormente com os primeiros homens, entramos na história da região da Mesopotâmia, hoje regiões conhecidas como Iraque e Irã. Nos relatos das primeiras cidades sumérias, como Ur, Uruk e Nipur, historiadores revelaram a utilização de velas em cerimônias de magia, isto a 4000 a.C. a 1900 a.C. Recentemente na região da Turquia, escavações arqueológicas encontraram vários artefatos, símbolos e galerias em cavernas com sinais de ritos onde a vela foi utilizada. Istambul, Capadócia e onde de modo recente foi encontrado tais artefatos que mudaram a compreensão sobre a história da humanidade em Sanliurfa, ao redor nas montanhas de Germus ("Guérmush"), também conhecida região de Urfa. Tais apontamentos arqueológicos dão a nós estudiosos da espiritualidade grande base de compreensão dotando-nos de uma visão diferenciada do profano, que muitas vezes não compreende o que é magia e o quanto isto implica na evolução.

A evolução do homem deu-se ao longo das centenas de anos, ainda aponto que sempre estivemos acompanhados por seres elevados, que de alguma maneira interferiram de maneira positiva em nossa trajetória.

Foi disseminado por todo o mundo, em diferentes continentes, formas de interpretação sobre deuses, religiões politeístas com suas hierarquias e estruturas interpretativas e avançaram pelo mundo, vindo posteriormente os monoteístas com características únicas, que influenciaram e influenciam o mundo e a evolução humana. Os sumérios, acádios, amoritas, babilônios, assírios, elamitas, druidas, ceutas, povos orientais, caldeus, egípcios, romanos, gregos, incas, astecas, bérberes, bantos, soninkés. Povos do antigo continente, América Central e outros tantos de civilizações extintas e não citadas na história por não terem relatos sobre sua existência e cultura, que acredito que ainda não foram encontrados.

Aqui no Brasil existiam os índios de várias tribos, hoje algumas ainda resistem à influência e ao avanço de culturas modernistas. Também citamos os aborígenes australianos, americanos, e da Oceania, que assim como os nativos da terra aqui no Brasil e na África, resistem em pequenos núcleos dentro de sua tradição. Existem múltiplas forças que direcionam a nós meros encarnados, hoje por conta da modernidade muito se perde da essência, uma delas é a materialização do aprendizado, muitas coisas estão dentro do virtualismo desenfreado. O estudo deve ocorrer por meio de elementos materializados, os virtuais não atingem o córtex espiritual, ou os terminais sensíveis que absorvem os influxos fixadores do aprendizado, não sendo absorvido pela mente do iniciado. Quero enfatizar com isto, o estudo com livro na mão, materialize seu estudo, procure não absorver os estudos via inteligência artificial ou virtual. Os povos citados e a oralidade, ou mesmo a fixação dos seus ensinos registrados na pedra, no barro, em papiro, fixaram-se de tal forma que hoje ainda formam a base do que nos tornamos e as velas como elementos mágicos foram e são uma poderosa ferramenta para tal finalidade.

Todos estes povos desde a antiguidade e até os dias de hoje, possuem de alguma forma relatos de utilização de velas ou algo bem semelhante, mas tudo que possui pavio e é alimentado, seja por gordura animal, azeite ou cera, é considerada uma vela.

Cerimônias existentes em rituais destes vários povos citados, lembrando que existe uma distância cronológica entre eles, só reafirma o quanto a vela faz parte de nossa evolução e o quando o poder da magia perdura através de iniciados que atenderam a um chamado do alto.

A história da vela está enraizada dentro dessas civilizações citadas e muito antigas, dentro de religiões existem algumas que definem muito bem a trajetória da história da vela, como por exemplo o judaísmo.

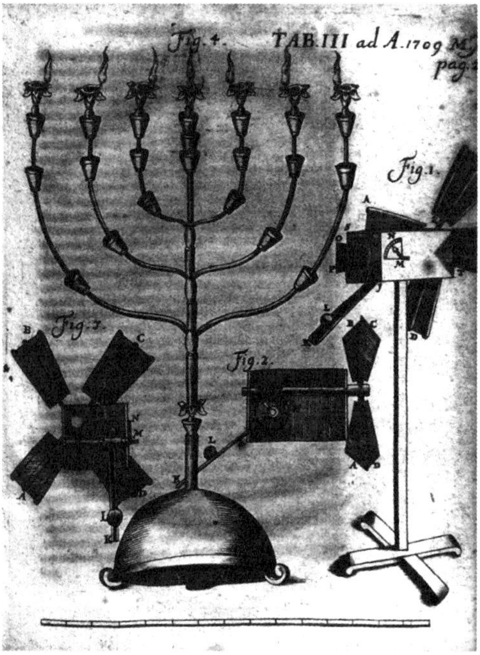

Ilustração publicada em "Acta Eruditorum revista Cientifica Alemã" 1709

Os judeus utilizam-se do menorá, um castiçal de sete braços que se tornou símbolo do Estado de Israel e do povo judaico junto com a estrela de Davi. O menorá originalmente é feito de ouro maciço, feito por Moisés para ser colocado dentro dos locais sagrados, seja dentro do santuário, ou próximo a porta de entrada do lar judeu. A simbologia deste tipo de castiçal é que simboliza os arbustos que Moisés viu no monte Sinai. Dentro da cultura religiosa é dito que Moisés recebeu Do Divino as instruções na elaboração deste candelabro e a utilização de velas, que por sinal se trouxermos para a realidade de nossa compreensão o número sete tem muitas coisas relevantes que poderemos simbolizar. Além do menorá, os judeus se utilizam da chanukiá ou chanuquiá, um candelabro de nove braços utilizado durante os oito dias do feriado de Chanuká, também chamado de festa das luzes. Digo que o judaísmo com os elementos que possui como a Cabala (Kabbalah), que é à base de muitas coisas dentro das interpretações sobre a magia, Éliphas Lévi fundamentou parte dos ensinos da alta magia baseado na Cabala. A vela sempre foi dentro desta doutrina a ligação do Divino com uma das culturas mais antigas e representativas do mundo.

Das religiões chamadas abraâmicas, que são monoteístas, a mais antiga é o judaísmo, depois vem o cristianismo e em seguida o islamismo. São religiões descendentes da linhagem de Jacó neto de Abraão com origem na Bíblia Hebraica. Destas, do judaísmo ao cristianismo utilizam-se de velas para se conectar ao Sagrado e Divino.

As religiões mais antigas do mundo registradas, como as religiões, Védica, Hinduísmo, Egípcia, Grega, Zoroastrismo surgido na Pérsia, religiões dentro da mitologia Nórdica, religião da antiga Rússia chamada de Mari baseada no culto a natureza, religião dos Helenos baseado nos deuses Gregos, religião Asteca dos povos Náuatle, Druidismo, Confucionismo, Ayyavazhi religião do sul da Índia, Taoísmo e o Xamanismo. São algumas das religiões ancestrais que dentro de seus cultos a vela foi identificada como meio de ligação com O Sagrado e Divino. Ainda hoje muito difundido por ter como base deuses ancestrais, a religião Wicca, e as seitas com conceitos metafísicos como a Conscienciologia e Nova Era, todos em algum momento se utilizam da vela dentro do seu arsenal litúrgico.

A confecção de velas foi desenvolvida independentemente em muitos lugares ao longo da história. Afirma-se que os romanos a partir de 500 a.C. a, fabricavam-nas imersas em sebo. Registros de velas produzidas com gordura de baleia na China remontam à dinastia Chin (221 – 206 a.C.). Na Índia, a parafina de canela foi fabricada para ser colocada nos templos reverenciando as divindades Hinduístas. Em partes da Europa, no Oriente Médio e na África, as velas eram feitas da extração do azeite e resina de árvores.

Em sua maioria as velas eram feitas com sebo e cera de abelha, conforme consta nos registros históricos. Em várias partes do mundo, em diversas culturas e povos, a vela está, dentro dos lares, templos e em cerimônias especificas, sejam apenas para iluminar o ambiente, ou mesmo com a representatividade de estar ligada ao sagrado, a vela faz parte de nossa evolução.

Hoje encontramos velas de todos os tipos de cores e tamanhos, para uma infinidade de propósitos, entre estes os de atuar dentro das esferas espirituais, digo que todo ato de se acender uma vela ritual é magia. Dentro do propósito de nosso manual, entender a trajetória deste elemento tão representativo, dá ao iniciado referências ancestrais e base de atuação. As velas utilizadas hoje nos permitem usufruir de algumas situações que na antiguidade não existiam, como escolher pela cor! A cor de uma vela tem função, assim como o que ela em si representa, saber sobre tais atributos é o que o leitor encontrará no decorrer deste trabalho.

O que é magia

Quando falamos de magia existem referências iniciais históricas sobre o tema, das quais não podemos deixar de enaltecer. Antes mesmo de citarmos alguns nomes, encontramos referências importantes para que haja uma boa interpretação do início de muitas coisas em relação à humanidade e a espiritualidade.

Na Mesopotâmia, por meio dos sumérios, amoritas, assírios e caldeus, foram encontradas as primeiras formas de comunicação por um tipo de escrita, chamada de escrita Cuneiforme, nome dado por serem feitas com auxílio de instrumentos em formato de cunha. Essas escritas revelaram que aproximadamente em 3.200 a.C., já existiam cerimônias de magia, portanto entende-se dessa maneira que a magia é praticada desde o início dos tempos pela humanidade.

Após o início da escrita na Mesopotâmia, encontraremos os hieróglifos no Egito, o antigo alfabeto na Grécia, indo depois com variações e diferenciações até o império dos astecas, maias e incas, como referências importantes sobre o início da interpretação do que entendemos como magia. As culturas e interpretações sobre a escrita na China são datadas de 2500 a.C., quem observa este tipo de escrita da antiga China verá o quanto vasto são as interpretações da humanidade em relação ao entendimento do homem. Seja na observação do Tibete em sua história milenar dos monges, seja na Índia onde encontraremos um panteão de divindades cultuadas também milenarmente, em todo mundo todas as tribos de povos nativos, a magia sempre foi à base espiritual.

Citar as escritas e povos antigos, é revelar que em todas as manifestações de comunicação, sempre houve o lado Divino, o indicativo de forças da espiritualidade direcionando a evolução do homem. Entendamos que muitos povos, principalmente os reinos africanos, muitas informações foram passadas pela oralidade, em tudo que encontraremos em relatos históricos, veremos o quanto o homem sempre se envolveu com a espiritualidade. Embora a palavra magia seja vista de maneira subliminar nos textos antigos, ou mesmo nas lendas, entendemos que toda forma de manipulação de forças da natureza e espirituais em ritos, tratava-se de magia pura.

A importância da observação histórica para todos os estudiosos do ocultismo, das relações espirituais onde envolvemos religião, como a Umbanda, faz-se necessário para analisarmos a abrangência do contexto magia, onde pilares sempre serão seguidos e respeitados. Revelar formas de trabalhar com a magia, dentro de conceitos diferenciados unindo características de divindades existentes em uma cultura religiosa, oferece aos estudiosos um leque de informações e possibilidades positivas, desde que se respeitem algumas leis, entre elas a de que tudo o que se faz dentro dos meios da magia, vai e retorna, ou melhor, a lei de ação e reação.

Unimos interpretações voltadas sempre para as características evolutivas, positivas e dentro do que melhorará o meio onde vivemos, respeitando mais uma lei, a do livre arbítrio.

Entende-se por evolução, tudo o que faz com que o ser humano interprete e faça sua existência melhor, conhecimentos dos quais fazem as pessoas se tornarem sábias, e o sábio repassa seus valores aos demais para que busquem a evolução. Lembrando que nem todos os conhecedores das leis de magia, ou da espiritualidade, se tornaram sábios! A sabedoria está além do conhecimento, as práticas das magias, ou das ações e preparos religiosos, devem se tornar o meio para esta sabedoria.

O sábio melhora o meio onde vive, o profano usa do conhecimento sem escrúpulos, na tentativa de movimentar forças apenas para o seu benefício, infringindo na maioria das vezes as características positivas do livre arbítrio.

Magia nada mais é do que movimentar forças existentes na natureza e na espiritualidade, a fim de beneficiar a humanidade, utilizando destas forças para estabelecer o bem-estar. Unir estas forças da natureza com a espiritualidade, com conceitos baseados em uma codificação de interpretação desde a ação criadora, faz deste manual uma ferramenta valiosa. Existe um poder criador, este está disponibilizado para a humanidade, não absorvemos conceitos limitantes, tão existentes em muitas religiões.

O caos existe entre nós humanos, onde poucos se utilizam do seu conhecimento para estabelecer coisas boas aos demais, muitos tirando proveito destas forças de maneira destrutiva, sem perceber que, uma das leis que não se infringe é da positividade que deve ser repassada. O caos que hoje observamos entre os seres humanos, vem através da profanação do sagrado, trata-se da lei do retorno, ação e reação em movimento.

Precisamos ter esta reflexão sobre isto, o que está dentro desta obra é uma ferramenta valiosa de evolução, mas mal utilizada, com inversão dos valores, torna-se uma arma!

Como grandes referências da magia, responsável pela sistematização da moderna teosofia[1] e cofundadora da Sociedade teosófica, temos a Helena Petrovna Blavátskaya, mais conhecida como Helena Blavatsky ou Madame Blavatsky. Entendem-se muitos conceitos por meio da jornada de Helena Blavatsky e de outra importante referência, Éliphas Lévi[2], escritor, ocultista e mago cerimonialista francês.

Madame Blavatsky teve o seu início na trajetória de seus estudos guiada por um mestre do oriente, onde passou a receber informações, que posteriormente se tornaram fontes de suas obras.

Éliphas Lévi chegou a ser ordenado diácono na famosa igreja de Saint-Suplice, sua introdução sobre a interpretação da magia fora influenciada pelo estudo sobre os Vedas, escrituras sagradas do hinduísmo, ainda estudou sobre os egípcios e assírios. Éliphas Lévi também teve influência através do estudo do livro tibetano dos mortos!

Embora no primeiro momento as referências de história anteriormente passadas possam parecer desconectas do tema, tudo que se fala sobre magia tem uma fonte e origem, que deve ser relatada e compreendida. Observando os dois ícones da magia moderna, bem como se buscarmos os demais nomes de propulsores da magia, encontraremos sempre as referências históricas

---

1. Teosofia, expressão provém do grego *theosophia*: *theos* – Deus, e *sophia* – sabedoria; normalmente compreendida como Sabedoria Divina.
2. Pseudônimo de Alphonse Louis Constant, sob o qual ele publicava seus livros. Resultou de pretender ter, neles, um nome de origem hebraica, associando-o desse modo, mais facilmente a outros cabalistas famosos. *Fonte: Wikipédia.*

das antigas civilizações. Os poderes dentro dos campos da magia existem, são formas de evolução imprescindíveis para todo aquele que segue uma doutrina onde envolve a espiritualidade.

Por meio dessas fontes da história podemos afirmar que a magia tem uma base fundamentada, aqui no *Manual de Magia com as Velas*, será revelado interpretações valiosas de utilização da magia dentro do conceito religioso, respeitando as bases do início da magia, das bases espirituais e do conhecimento adquirido através dos tempos na utilização destas forças e formas de atuação na espiritualidade.

Podemos classificar a magia de algumas maneiras, a magia tradicional, aquela que está baseada nos conceitos dos antigos iniciados citados acima, magia popular aquela realizada ao longo do tempo por iniciados que atuam nas referências e princípios regionalistas, como benzimentos, pequenos feitiços, rezas e utilização de amuletos mágicos.

A magia citada no manual será a magia religiosa, estabelecida através do Panteão de divindades relacionadas à religião de Umbanda, neste caso será da Umbanda Tradicional Cruzada, ou Umbanda Cruz.

É importante ressaltar que a religião de Umbanda é toda magia, tudo que se faz dentro dela envolverá velas e com ela todo um arsenal utilizado em sua liturgia que envolve os apetrechos, os elementos naturais às rezas, oferendas, todos os ritos são religiosos com a conexão divina dos orixás, guias, mentores, protetores.

Para podermos entender o que se faz em magia religiosa, é necessário construirmos uma linha de raciocínio que possibilitará uma compreensão exata do que estaremos fazendo em nossos rituais!

Não basearei apenas na fé, ou seja, acredito logo faço sem saber o que está por trás do que está sendo evocado. Racionalizar a fé é posicionar com sabedoria no que se realiza, vou acender uma vela, e pergunto! O que está por trás de tudo isto! Realizar uma tarefa espiritual apenas copiando o que o outro faz, sem entender os princípios ali estabelecidos, sem compreender os fundamentos, isto não proporciona evolução. As religiões naturais, iniciáticas, perdem muitos fiéis para religiões neopentecostais, por que estes não entendem o caminho, não compreendem o que estão realizando.

Precisamos estudar entender e colocar em prática, fazer com que os seguidores aprendam com os sacerdotes e que estes passem a ensinar seus discípulos. Como citei, este trabalho é uma ferramenta de estudo que pode servir de instrumento de aula.

A interpretação de magia, nos conceitos religiosos, baseia-se na compreensão inicial dos elementos que são utilizados, porém a magia é a força que está por trás do próprio elemento! Antes mesmo de religião, ou de espiritualidade, entender sobre o que representa os elementos é à base de tudo. Nós religiosos sempre apoiaremos a ação criadora dentro dos conceitos que vivemos, mas existe uma ciência, esta absorvemos como meio de unir com o Divino.

Se analisarmos que tudo que existe são átomos e estes por sua vez possuem uma fonte de energia, podemos dizer que passamos a entender o princípio? De onde vem o átomo?

Não adianta utilizarmos dos elementos sem que coloquemos todas as nossas forças nele, a fé é o início da trajetória de qualquer movimento de magia, para tanto devemos racionalizar, só assim conseguiremos entender e aplicar tudo de maneira intensa no trabalho que será realizado. Embora a fé, se torna algo de cunho pessoal, interno do ser e é sentido de maneiras diferenciadas por cada indivíduo, é onde encontraremos o diferencial de cada ser. Ajoelhar-se e dar determinações, digo que não é para qualquer um, é uma ação para poucos, estes serão aqueles que farão a diferença na movimentação das energias provenientes dos elementos.

Como perguntado, de onde vem o átomo? Se buscarmos na ciência o que encontraremos é o princípio de tudo através do Big Bang, isto dentro dos princípios cosmológicos e da universalidade das leis da física.

Peço a atenção dos leitores sobre isto, a mente humana é capaz de muitas coisas, exploramos pouco sobre muitos assuntos, a intensão precisa de intensidade, só assim existira determinação. Sobre a mente, sobre os mecanismos de potencialização, será passado mais a frente neste trabalho. As determinações necessitam de apoio no saber de onde provêm as forças, tais forças precisam ser racionalizadas e fortemente direcionadas pela crença, ou fé! A mente humana é fundamental neste momento, saiba quem é você, saiba de suas limitações, medite sobre o que se tornou, foque no que sabe e busque mais!

Na magia as coisas ocorrerão basicamente através destas duas linhas, "entender de onde vêm os elementos e ter fé", pegue uma vela na mão e terá os quatro elementos representados, terra, água, ar e fogo! Quando falo saber de onde vêm, entendamos as energias por trás dos elementos, basicamente entraremos nas ações e poderes dos átomos (princípio Divino) e dos magnetismos proporcionados pela junção da mente/elemento!

Meditar é uma forma de introspecção necessária para entrarmos em contato com o eu pessoal, sentir O Criador dentro de si e determinar que, você faz parte do universo.

A vivência dará sua contribuição, através dos tempos nos tornaremos bons medianeiros, incluo quando falo da mente humana e da necessidade de sabermos mais sobre nós mesmos, o que nos limita, nossos defeitos, só assim conseguiremos iniciar um bom trabalho.

A meditação diária será sua fonte inesgotável de vivência, não só o lado altruísta de pensar na magia como ferramenta de ajuda aos demais, mas ajudar a si mesmo! Costumo dizer que, nós encarnados, sabemos pouco ou nada sobre o que nos tornamos, ver-se no espelho, saber seu nome, será a base, assim como saber suas origens e de seus ancestrais. Irmos além, pensando no espírito que habita nosso corpo, este que já vivenciou outras encarnações, que traz uma bagagem de sabedoria oculta, mas está em nós! Buscar entender isto através da meditação fará sua mente abrir! Mas o que isto tem a ver com o que é magia?

Tudo que, está citado, é a base do que é magia, magia é autoconhecimento e só conseguimos atuar dentro das esferas espirituais quando nos desvencilhamos da mente fixada nos padrões ditados e entramos em contato com este poder do universo, quando nos sentimos parte dele, sem o temor da vida ou da morte.

O desejo positivo de estar em elevação constante, sem querer o mal de algum ser encarnado, fará a diferença na hora de seu trabalho com a magia. Uma das coisas mais importantes quando trabalhamos com a espiritualidade é o nosso equilíbrio emocional, é necessário que sejamos sempre racionais. Aprendi com um exu que necessitamos colocar nossas emoções, para serem subjugadas por nosso lado racional.

Agindo assim sempre estaremos agindo com bom senso, sem deixar que as falhas ocorram dentro do trabalho de magia, chamo isto de inteligência emocional. A raiva faz parte de nosso contexto como seres humanos, porém estamos tratando de magia, sendo assim não podemos nos colocar como agentes do mundo profano, e sim, como agentes de entendimento diferenciado, portanto o uso da racionalidade é o que determinará o que nos tornamos.

Existe dentro da magia uma trajetória a ser compreendido, como citado, o conhecimento não determina sua elevação ou evolução, o que determina sua elevação é como atua no meio humano em relação às adversidades da existência. Se denominar mago, ou atingir este nível de evolução requer muito, o termo muito utilizado "mago" infelizmente nos dias de hoje se delapidou. O autoconhecimento, o altruísmo, o respeito, o conhecimento das estruturas da existência, a utilização correta da magia, a racionalidade, tudo isto são passos a serem dados e ao longo dos anos e determinará o alcance ou não deste nível. Mesmo que o iniciado não tenha alcançado tal nível, não significa que não tenha valores importantes, mais vale alguém que se coloca como aprendiz, do que aquele que se coloca como mago apenas por ego, se coloca como o mais sábio dos homens, deixando seu "eu" inflado de negatividades e arrogância.

Éliphas Lévi em minha opinião foi um mago, tem uma jornada respeitada, assim como interpreto que os três reis magos, Melchior rei da Pérsia, Gaspar rei da Índia e Baltazar rei da Arábia, que eram reis e possuíam a sabedoria necessária para reconhecer um dos maiores avatares de nossa história. Merlin (Armes Prydein), embora haja a alegoria de tantas fábulas através de sua história, ele foi um profeta, professor e atingiu o nível de mago. Portanto creio que chegar e se tornar um mago requer muito, não depreciando quem é estudioso, ou aqueles que por outros receberam tal nomenclatura, creio que alguns equívocos ocorreram e são aceitos por tratar-se de agrupamentos específicos dos quais tem o meu respeito.

Coloco-me aqui como apenas um médium, que está passando uma forma de interpretação do que é magia, um iniciado, mediando à espiritualidade, repassando valores que proporcionarão o melhor para quem quer buscar os mecanismos corretos da espiritualidade com sabedoria.

Uma das grandes referências na magia é a questão numérica como fonte de atuação para dar amplitude em nosso manual, tudo que existe no universo está ligado a contagens numéricas, falarei dos números que chamo de mestres, de 0 a 9, não se trata de matemática, e sim de magia. Não se trata de numerologia e sim de um código indicativo para facilitar as interpretações para o iniciado. Tudo que existe no universo estará ligado a números, que consequentemente estará ligado a formas! Em magia nunca se foge destas características, uma vela acesa vibra em uma frequência determinada que está ligada ao que evocamos, consequentemente a chama da vela em sua contraparte espiritual cria formas. Mas escreverei sobre isto um pouco mais a frente, segue uma sequência numérica e respectivas formas interpretativas.

0 – Significa o mental, o oculto, o vazio, o todo ou o nada, a mente controlada, estado vibratório neutro, lua nova. Representa o vácuo, onde percorrem todos os aspectos espirituais, magnéticos, energéticos e vibracionais que compõem o todo.

Planeta: Todos

Cores: todas

Característica de "todo" em aspecto de mentalização

1 – Significa o princípio, o início, o eu, o outro, a mentalização, determinação de ir ao encontro, a fixação. Ambição, audácia, inventivo, vigoroso, independente.

Planeta: Sol

Cores: branco, amarelo, laranja e dourado

2 – Significa a dualidade, caminhos a seguir, positivo e negativo, noite e dia, bem e mal, o alto e o embaixo, desejo e vitalidade. Diplomata, cooperativo, gentil, paciente, atencioso, respeitador.

Planeta: Lua

Cores: branco, prateado, e verde claro e azul claro

3 – Significa a tríade de forças, o tridente, mente/corpo e espírito, fragmentação, movimentação, lua minguante. Benquisto, bondoso, artístico, afortunado, criativo, sociável.

Planeta: Júpiter

Cores: púrpura, lilás, violeta, azul celeste e vermelho

4 – Significa os elementos – terra/ar/água e fogo, o alto/embaixo/direita e esquerda, o quadrante de força, a reunificação. Digno de confiança, trabalhador, prático, honesto, determinado, criativo.

Planeta: Saturno e Urano

Cores: amarelo, laranja, vermelho e marrom

5 – Significa o pentagrama, o homem vitruviano[3], o místico, os cinco sentidos – visão/tato/olfato/audição/paladar. Esperto, adaptável, versátil, audacioso, culto, expressivo, otimista.

Planeta: Mercúrio

Cores: azul claro e cinza claro e verde escuro

6 – Significa o hexagrama, tudo que existe no alto existe no embaixo, equilíbrio, sexto sentido, o justo. Carinhoso, leal, responsável, magnético, amante da arte, caseiro.

Planeta: Vênus

Cores: todas as nuances de azul, branco e rosa

7 – Significa o sétuplo, a evolução do homem na espiritualidade, os sete chacras, os dias da semana, os dias da fase lunar, significa o tempo, a espiritualidade, lua crescente. Intuitivo, psíquico, pensador, espiritualista, esotérico, reservado.

3. O Homem Vitruviano de Leonardo da Vinci é um famoso desenho que acompanhava as notas feitas pelo polímata por volta do ano 1490 num dos seus diários, e é baseado na obra do arquiteto romano Vitrúvio. *Fonte: Wikipédia.*

Planeta: Netuno
Cores: púrpura, violeta e azul celeste

8 – Significa o infinito, o tempo, a perfeição, sabedoria, elevação, evolução, lua cheia. Eficiente, leal, determinado, ambicioso, forte, líder.
Planeta: Saturno
Cores: marrom, preto e cinza

9 – Final de ciclos, desligamento, anulação, fragmentação, alívio das emoções. Universal, humanitário, generoso, liberal, inspirado, prestativo, intuitivo, lua minguante.
Planeta: Marte e Plutão
Cores: vermelho, preto e branco

Os números de 0 a 9 possuem características que em muitas linguagens e de diferentes fontes, podem divergir em algum momento, porém aqui trata-se de um conceito de magia religiosa onde a colocação dada está em ressonância ideal para as tarefas que aqui estão apontadas. Os planetas dispostos em relação aos números estão dentro de uma sincronia distinta dos planetas em relação aos dias da semana. São leituras que quando cruzadas em informações direcionam as tarefas em variações múltiplas de ação magnética e espiritual. Os planetas e os dias da semana estão explicados mais adiante com outras definições que estão relacionadas à cronologia, e conexas ao magnetismo numérico matemático vibracional que é diferente das definições atribuídas ao tempo.

Observamos os números como fonte rica de sabedoria sobre magia, dentro dos aspectos que serão trabalhados as formas de atuação com a magia no manual existirão número de velas e elementos, lógico que as possibilidades são infinitas e não quer dizer que apenas será utilizado ou é utilizado esse número de elementos. Apenas a observação da abrangência de um trabalho espiritual, onde envolve muitas coisas, isto tudo é magia. Passar alguns significados não quer dizer limitar, quer dizer que por meio desta descrição iniciaremos um pensamento livre sobre a vastidão do que pode ser possível. As cores de velas sempre entrarão nas características de nuances, que por sinal são definidas como ondas vibratórias, que podem ser mentalizadas com finalidades referentes às características dos números apontados. Os benefícios são imensos dentro desta vastidão de recursos valiosos. Sobre ondas magnéticas e mentais, abordarei mais a frente, oferecendo um olhar profundo do poder que podemos evocar.

Ainda através dos números, podemos encontrar nosso número mestre, que define muito no trabalho dentro da magia religiosa. Para encontrarmos, é necessário somar os números de nossa data de nascimento.

Exemplo:

08/05/1971 =
0 + 8 + 0 + 5 + 1 + 9 + 7 + 1 = 31
3 + 1 = 4

Portanto o número mestre é quatro!

A magia com sua abrangência possui pilares bem definidos, as fases da lua dão o Norte dos vários trabalhos realizados nas magias. As fases duram sete dias cada, tendo assim uma representatividade natural na força sétupla de vibrações. A lua exerce um poder imenso em nossas vidas, movendo as águas de todo planeta através de seu deslocamento no espaço, a importância da observação das fases neste sentido é onde trabalharemos aproveitando os maiores influxos para os vários tipos de magia.

Não só nas marés, mas também nos lagos, rios, no solo freático, tendo em vista que a maior parte de nosso corpo é composta de água, a intensidade do deslocamento lunar sobre tudo é de se pensar, estudar e aplicar nas variações dos trabalhos que realizamos. O movimento dos astros é um poder existente em tudo, a influência lunar é a vida em nosso planeta, nossa existência depende deste satélite natural!

Fazendo um adendo aqui, quero ressaltar que nas religiões, o uso das águas é unânime, tendo sua utilização em uma escala variada de situações, desde batismos, até os preparos de assentamentos, nas quartinhas, nos banhos, etc.

As religiões antigas possuem na lua um meio de interpretação da existência, de comunicação com o divino, com o sagrado! Não é à toa que a existência humana só é possível com a existência da lua, ela está posicionada em um ponto exato, com a distância exata, para proporcionar a vida em nosso planeta.

Se analisarmos todo o magnetismo exercido pela lua, sua influência está em tudo, inclusive nos padrões mediúnicos, nossos trabalhos deveriam em sua totalidade serem organizados pelas fases lunares. Assim conseguiremos definir melhor os padrões de trabalho, direcionando os influxos através desta incrível força. Unir as forças espirituais provenientes Do Criador, dos orixás, guias e mentores, com esta ferramenta deixada naturalmente para nós, é o ideal no ponto de vista de toda magia religiosa desprendida, dessa maneira os resultados podem ser melhorados. Coloco isto como apenas uma referência, sem querer determinar que seguir este posicionamento é lei.

Lua Nova

A Lua Nova é a fase da renovação, de novos caminhos e possibilidades, deixamos o velho para trás e abrimos novos horizontes. As magias de renovação de caminhos em sua maioria, ou na maioria, devem ser realizadas nesta fase, como já citado, se aproveitarmos os influxos das fases conseguiremos melhores resultados. Esta fase realizamos o início de preparos para quem está entrando na religião, recebendo os primeiros preparos em sua vida, o batismo, o banho de ervas, o recolhimento, etc. Vela acesa nesta fase, renova, melhora resultados, traz para a realidade da vida, pés no chão, fixa novos horizontes! Está ligada ao elemento Terra, direção magnética Sul!

Lua Crescente

A Lua Crescente é o movimento, é onde realizamos os pedidos para promoções, para crescimento do trabalho, seja trabalho de ordem profissional ou de ordem espiritual, abertura de caminhos. Esta fase é utilizada para todas as finalidades onde requer energia, determinação, vitalização, ótima para pessoas que estão apáticas ou mesmo se recuperando de alguma enfermidade. Vela acesa nesta fase abre caminhos, crescimento espiritual e material! As águas nesta fase estão chegando, ou trazendo a cheia, é a fase do início de grandes projetos na vida. Está ligada ao elemento Ar, direção magnética Oeste!

Lua Cheia

A Lua Cheia é a mais emblemática de todas as fases, vista como a lua da alta magia, de todas as possibilidades elevadas, esta fase se fixam vibrações positivas, ou negativas. Os povos da antiguidade faziam suas oferendas na lua cheia, os povos ribeirinhos observavam a maré mais alta na lua cheia, a abundância é a representatividade desta fase. A força da lua é tão intensa que reflete no corte de cabelo, sendo a lua cheia escolhida para quem quer mais volume. Vela acesa nesta fase potencializa todas as coisas, fortalecimento interno, firmeza e determinação! Está ligada ao elemento Fogo, direção magnética Norte!

Lua Minguante

A Lua Minguante é uma das fases onde são realizados trabalhos com finalidades variadas dentro dos campos das diluições, das anulações. Muito utilizada para eliminar características enfermiças, quebrar forças de inimigos, também podemos trabalhar a lua minguante no alivio de dores, sejam elas físicas ou emocionais. A lua minguante é vista como a grande vilã das fases, mas entendamos como já citado, a lei de ação e reação é para todos independente de fase lunar, ou de qualquer força existente ativada. Vela acesa nesta fase alivia impactos emocionais, quebram e anulam trabalhos de ordem destrutiva, traz serenidade e foco! Os descarregos potencializam-se nesta fase. Está ligada ao elemento Água, direção magnética Leste!

A magia é abrangente em seu campo de ação, tendo em vista que, tudo está interligado na espiritualidade ritual que movimenta forças, isto é magia!

Quando estudamos a magia, ou mesmo se for outra denominação, onde atuamos na esfera espiritual, procuramos compreender os mecanismos existentes sobre energias, magnetismos, vibrações, procurando o porquê das coisas. Encontraremos as explicações dentro do estudo no magnetismo planetário, que é vasto, sendo base das antigas religiões, é onde encontramos as bases de direção, norte, sul, leste e oeste, determina que, algo acorre e existe além do apontamento de direções!

Assim como a lua exerce uma força em tudo, o magnetismo planetário também exerce sua força intensa, mesmo que seja imperceptível. O planeta Terra é um grande imã, estamos envolvidos por este magnetismo, que imperceptivelmente está interligado ao nosso campo mediúnico, as nossas vibrações e energias.

Estar voltado para um lado dos pontos cardeais determina uma força que a magia trabalha muito bem, o estudo sobre estar voltado a um destes pontos determina muitas questões, é tão intenso que pode influenciar, por exemplo, no seu lar e o que pode ocorrer dentro dele, saúde, paz, alegria, sucesso, etc. Anular possíveis ações desfavoráveis é também a intenção deste manual, nem sempre ações ruins ocorrem por questões espirituais, ocorrem por magnetismos incompatíveis existentes. Dentro dos templos é intenso estas possibilidades!

Toda magia praticada com as velas e demais elementos, sempre será realizada apontando para um dos lados magnéticos planetários, mesmo que não o façamos de maneira pensada, mesmo que seja apenas intuitivo. Quando falamos de pontos magnéticos planetários, estamos citando, os pontos cardeais magnéticos, que são imensamente diferentes dos pontos cardeais geográfico.

Também conhecido como rosa dos ventos, os pontos cardeais potencializam o que estamos realizando, não quer dizer que as ações só ocorrerão se utilizarmos desta incrível força, mas quando estamos sabedores sobre esta importante ferramenta, vamos sim utilizá-la.

Os pontos riscados feitos por nossos guias podem ser compreendidos como uma magia religiosa, aberta por seres que estão dentro de uma esfera de saber elevadíssima. Creio que muitos dos guias que atuam na religião de umbanda, se não todos, se utilizam desse recurso, vejo algumas entidades que me assistem que firmam os pontos riscados determinando sim uma direção. Mas ressalto que isto não é regra e nem todas as casas de umbanda fazem este tipo de procedimento.

Como estou baseando este trabalho, dentro dos critérios da umbanda tradicional, umbanda cruzada ou umbanda cruz, onde os princípios fundamentais que ocorrem nas sessões espirituais estão fundamentados e ligados aos pontos riscados dos guias. Estes alicerces sobre a doutrina da umbanda cruz, está fundamentada na obra "O Livro de Ouro da Umbanda" onde está descrita com maior abrangência, que servirá para os estudiosos da religião.

Entendamos que nossos guias, independente de fase lunar, de pontos magnéticos, abrem suas forças fundamentadas nos mistérios do que realizam na espiritualidade, que por sinal é vasta e conhecemos muito pouco sobre a imensidão dos poderes que estes iluminados seres trazem.

Mas o intuito aqui é revelar como o medianeiro, ou iniciado, pode evocar e abrir espaços mágicos com as velas, sustentado por divindades relacionadas à umbanda. A religião de umbanda, entendamos como um culto a natureza, uma religião com fundamentos em forças milenares, onde encontraremos nesta religião tudo que foi citado anteriormente. Conhecimentos de povos tradicionais, com outras nomenclaturas e interpretações dentro deste conceito religioso, trata-se da mesma força de magia tradicional e milenar!

Como citei, os nossos guias espirituais, seja eles riscando os pontos com a pemba, ou mesmo de posse de uma vela nas mãos, quando se posicionam em frente ao altar, ou mesmo na direção da porta, ou na direção dos cantos do espaço, com certeza está se utilizando do vasto arsenal de vibrações magnéticas existentes no universo espiritual.

A dança de um guia, nada mais é do que se utilizar destas forças espirituais, magnéticas, energéticas e vibratórias, elevando os padrões, atraindo a positividade, eliminando características nocivas e com absoluta certeza unindo os influxos planetários em sua vasta corrente magnética.

Essas tarefas executadas por nossas entidades, na maioria dos pontos riscados, estão firmando as velas na alta magia de umbanda, quando dançam muitos estão potencializando suas tarefas através da força que a vela possui se utilizando destes incríveis recursos. Assim entram na sintonia e frequência ideal, potencializando os trabalhos espirituais, tais mecanismos estão na direção dos pontos magnéticos, que vão muito além do que imaginamos. As magias que estão no manual se potencializam através desta compreensão, estar voltado ao ponto correto significa êxito na tarefa espiritual.

Ainda encontraremos as referências dos pontos cardeais com os quatro elementos da natureza, fogo, água, terra e ar, bem como a correlação das fases das Luas – cheia, minguante, nova e crescente.

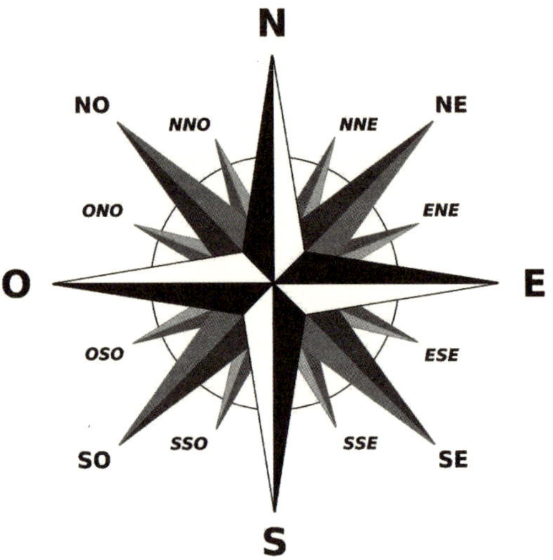

PONTOS CARDEAIS
N: norte
S: sul
E (ou L): leste
O (ou W): oeste

PONTOS COLATERAIS
NE: nordeste
SE: sudeste
NO (ou NW): noroeste
SO (ou SW): sudoeste

PONTOS SUBCOLATERAIS OU INTERMÉDIOS
NNE: nor-nordeste
NNO (ou NNW): nor-noroeste
SSE: su-sudeste
SSO (ou SSW): su-sudoeste
ENE: és-nordeste
ESE: és-sudeste
OSO (ou WSW): oés-sudoeste
ONO (ou WNW): oés-noroeste

- Norte – determinação, alta magia, direção de poderes da positividade, fixação de forças, potencialização da fé, vitalidade. Elemento Fogo!
- Sul – renovação, início de uma nova fase, posição magnética valiosa para receber o sacramento do batismo e banhos de ervas, fixação. Elemento Terra!
- Leste – desmagnetização, princípio, fortalecimento emocional, posicionamento magnético que propicia desmanchar trabalhos de ordem destrutiva, renascimento. Elemento Água!
- Oeste – evolução, crescimento profissional, abertura de caminhos, vitalização das energias, trabalhos de prosperidade, concretização. Elemento Ar!

Os pontos colaterais e subcolaterais ou intermédios, formam junções das forças em graus magnéticos. Entendamos que estar voltado a um ponto x magnético e utilizá-lo através do que ele verte ajuda bastante, não estar voltado a um ponto magnético especifico também não determina o insucesso da tarefa, mas estar direcionando através do ponto correto é usar do influxo natural, que ajuda sim no resultado. Existe uma ciência espiritual profunda, adentrar em suas características com certeza mudará sua vida, *entendendo que os pontos cardeais unidos aos horários e dias dos orixás podem dar uma nova perspectiva de força dentro de magias.* Pensemos em uma correnteza onde as águas formam uma força que tem uma única direção, assim podemos entender as correntes magnéticas e assim usufruirmos com maior destreza das forças colocadas a nossa disposição.

A união das fases lunares, dos influxos dos quatro elementos naturais e dos pontos cardeais, proporciona a compreensão da magia com grandes possibilidades de atuação, conseguindo os objetivos almejados através da abertura dos espaços mágicos.

Entendamos como espaços mágicos todo o perímetro onde está sendo realizado o trabalho, que pode ser limitado por um círculo com elementos naturais, com pemba, ou mesmo nosso altar, que é um espaço mágico direcionador de todas as ações religiosas. Um ambiente preparado pode ser definido como um espaço mágico, onde o solo, os cantos o centro, o entorno, foram preparados especificamente para tarefas espirituais, portanto os templos podem receber essa conotação. Para o religioso de umbanda o termo pode parecer um tanto esotérico, mas como já citado, todo tipo de trabalho onde utilizamos de elementos para atuação espiritual é uma magia! Se o irmão ativa uma vela para finalidades espirituais, está praticando um tipo de magia, mesmo que seu trabalho não possua esta conotação.

Dentro dos templos religiosos, terreiros, barracões, etc., os pontos magnéticos estão de acordo com as forças fundamentadas dentro destes locais. O norte magnético de um templo estará direcionado aos fundamentos assentados no centro, determinando os magnetismos internos. Os assentamentos no centro e no entorno de um templo, determinam não só a ligação com as divindades, mas também a construção energo-magnético-vibratória existente! Por isso pessoas sensitivas quando adentram estes locais se sentem melhores, ou não, dependendo da afinidade destas forças assentadas e de como está sua vibração pessoal.

Para compreendermos, os elementos utilizados nas variadas formas de firmezas, trabalhos e assentamentos, que estão carregados de magnetismos, pois são consagrados, ligando os pontos de força da natureza dos nossos Orixás. Aí há interpretações para se compreender a grandiosidade de vibrações adquirida quando estamos fazendo de maneira correta os fundamentos! Citei assentamentos relacionados a Orixás, mas como já explanado todo espaço religioso, esotérico, uma seita, esses possuem seus alicerces vibratórios dentro de seus conceitos internos, correspondem com as mesmas ações magnéticas citadas, mesmo que não as utilize da forma aqui revelada.

Lógico que os tradicionalistas não observarão esses procedimentos como magia, mas essa é uma maneira de racionalizarmos a fé, dando o teor de compreensão sobre os aspectos atômicos onde fundamentamos as energias, observando as ondas vibratórias onde assentamos os magnetismos. Isto é sim caracterizado como magia, sabedores que o acender de uma vela, movimenta poderosos influxos, quando a mente entende a procedência, de tais forças, passamos a alinhar com mais intensidade nossas tarefas espirituais.

Por que um orixá pede um otá? O que tem em uma pedra que determina a ligação de um poder orixá para conosco? Por que se acendem velas nos ritos? Por que se utiliza da água? Por que as terras das encruzilhadas, do cemitério, dos caminhos, etc., são fundamentais nos assentamentos?

Tais perguntas não podem ser respondidas apenas apoiadas na fé cega, o orixá quer e o guia pede, e logo faço! Existe algo a mais em torno dos elementos, dos locais escolhidos para determinados trabalhos, tudo isto está em volto de forças invisíveis ligadas ao Criador, aos orixás, guias e mentores e encontraremos respostas através da fé sim, mas também pelo lado cientifico espiritual. Muitos dos ensinos sobre fundamentos espirituais foram passados ao longo do tempo pela oralidade, hoje estamos em outra esfera, à compreensão dará ao iniciado mais firmeza quando este for realizar seus trabalhos, vai valorizar seu dirigente espiritual quando este colocar a mão sobre sua cabeça. Saber não te dá o direito de pensar que pode mais que uma pessoa que passou pelos preparos espirituais, recolhimentos, assentamentos, tempo de vivência! Existe algo a mais que uma pessoa preparada possui, escreverei mais adiante sobre isto.

Por exemplo, o que determina o dia do orixá? Para entendermos o que é magia precisamos compreender por que acender a vela em tal dia, por que terça feira é dedicado a Ogum, ou indo mais longe, acenda a vela às quinze horas.

Para respondermos essas perguntas vamos entender o quanto poderoso são os dias da semana e os horários, onde se fundamenta mais uma faceta da magia.

O calendário oficial de muitos países baseia-se no que foi estabelecido pelo Papa Gregório XIII (1502 – 1585) substituindo o calendário romano, chamado de calendário juliano.

Os dias da semana, bem como os meses do ano, embora sofreram as influências da igreja católica, estão fundamentados através do sistema planetário, onde absorveu por meio do calendário greco-romano os nomes dos meses, que estão em partes relacionados a deuses da antiguidade.

Portanto tudo está ligado aos astros, qualquer tarefa que realizarmos estará ligado, em um sistema poderoso que envolve o movimento dos planetas. Não citarei sobre os antigos deuses dos saxões, dos gregos e romanos, mas tudo que existe hoje quer queira quer não, está ligado de alguma maneira a estas formas de interpretação. Ainda temos um dos calendários cronológicos mais antigos existentes, o Chinês, sendo introduzido no ano de 2.637 a.C., é um calendário lunisolar e astronômico, hoje adaptado com o calendário gregoriano. É um calendário baseado em ciclos, onde cada ano recebe o nome de animais, dividido em 12 signos ou subdivisões do Mundo que formam o Astral Chinês! São eles: ***galo, cão, porco, rato, búfalo, tigre, gato, dragão, serpente, cavalo, cobra e macaco!***

Quero chamar a atenção para que o estudioso veja o quanto grandioso é e foram os estudos da astronomia e astrologia antiga, que determinou várias coisas que hoje utilizamos sem se quer ter atenção. Porém, vejo a grande necessidade de nós religiosos, que temos como base as forças espirituais e a utilização dos dias para dinamizar as tarefas, de compreendermos bases que melhorarão o trabalho e nossa visão do universo ao nosso redor.

A semana tem a correspondência mais ou menos a uma fase lunar, a palavra semana vem do latim septmana, que significa sete manhãs. O tempo é contado através das fases lunares, ou melhor, o nosso tempo na esfera humana acontece por conta da existência da lua, e, contado as horas com a ajuda do Sol, muito utilizado na antiguidade.

Cada dia da semana está ligado a um astro, que foi determinado nas culturas da antiga Grécia e Roma, ficando assim:

Dia do Sol	Domingo
Dia da Lua	Segunda-feira
Dia de Marte	Terça-feira
Dia de Mercúrio	Quarta-feira
Dia de Júpiter	Quinta-feira
Dia de Vênus	Sexta-feira
Dia de Saturno	Sábado

Símbolos dos astros também utilizados na magia religiosa.

Os dias da semana eram correlacionados aos deuses anglo-saxões e depois através do estudo da astrologia pelos greco-romanos, os dias foram adaptados com os nomes de seus deuses, exemplo, terça ao deus da guerra Marte, domingo era o dia de Apolo deus da luz do Sol.

Por meio do Primeiro Concílio de Niceia, em 325 d.C., com a grande influência católica mudou para domingo (o dia do senhor) em homenagem a ressureição de Cristo, o dia do descanso para os católicos.

A palavra feira, que vem do latim "feria", significa dia de descanso, embora algumas explanações de história, que estou citando, pode parecer fora do contexto, nós estudiosos de religião temos o dever de expor estes ensinamentos com a finalidade de sabermos o porquê de tais nomenclaturas. Bem como saber que a semana ioruba tradicional possui apenas quatro dias, porém se adaptou no passar do tempo ao calendário gregoriano com os sete dias existentes.

Entendamos que foi na idade média, no Império Romano, pelo estudo da astrologia que se utilizou o uso da septmana (sete manhãs) em convenção de origem babilônica.

Entender o sistema de dias na magia é importante, pegamos a adaptação dos dias e passamos as forças de nossos orixás, através dos arquétipos de nossos orixás e na ligação dos poderes dos astros, observamos o grande magnetismo que podemos manipular através de nossos trabalhos.

Porém, passarei dias da semana de maneira, tradicional e o que entendo ser importante, para finalidades de utilizarmos de uma variação de forças existentes. São duas interpretações citadas, ambas estão corretas e correspondem a esta vastidão de poderes existentes ao nosso redor.

Tradicional	
Domingo	Nanã e Ibeji
Segunda-feira	Exu, Obaluaê, Omulú
Terça-feira	Ogum, Oxumaré, Ewá
Quarta-feira	Xangô, Obá, Iansã
Quinta-feira	Oxóssi, Ossaim, Logunedé
Sexta-feira	Oxalá, Oxalufan, Oxaguian
Sábado	Iemanjá, Oxum

Planetário	
Sol	Oxalá, Oxalufan, Ibeji
Lua	Iemanjá, Nanã, Oxumaré, Tempo, Exu
Marte	Ogum, Oxaguian
Mercúrio	Xangô, Iansã, Obá
Júpiter	Oxóssi, Ossaim, Logunedé
Vênus	Oxum, Ewá
Saturno	Obaluaê, Omulú

A correlação dos dias dos Orixás em relação aos planetas é uma explanação das mais plausíveis, porém, não descartamos as colocações dentro de uma forma tradicional, entenderemos nas questões dos horários, que nossos Orixás estão todos os dias com suas forças sobre nós. Mais à frente estará correlacionando às horas ligadas aos astros que podemos correlacionar aos Orixás, que é a mesma explicação dentro dos dias planetários, onde poderemos entender os dias relacionados aos horários.

Observação: Muitos dirigentes espirituais, ou mesmo médiuns, apregoam o seu Orixá de cabeça de acordo com o dia e hora que nasceram, ou mesmo muitos correlacionam com os signos do zodíaco. Tudo está ligado aos astros, porém identificar o orixá que nos rege é algo totalmente espiritual e nem sempre coincidirão os dias e horas com sua regência. Dentro da doutrina que está aqui estabelecida a relação orixá que rege o médium está determinado quando o embrião bate o coração pela primeira vez, é onde a ligação de seu espírito se conecta ao corpo, neste momento o Orixá que rege está ligado em sua existência.

Diferentes referências sobre os dias dos Orixás, mas um grande indicativo para entendermos algumas forças que podemos relacionar.

O dia representa para nós, dentro de um conceito de trabalho, a força que está regendo, é onde vamos obter melhores resultados em nossas tarefas espirituais.

Irmãos, tudo que existe hoje, principalmente na construção de interpretações sobre os dias e suas respectivas forças, estão dentro dos campos da teoria. Embora por uma questão do tempo que tais caraterísticas são utilizadas, se tornaram tradição e esta tradição nós respeitamos, pois não se trata apenas do estudo, mas o que já se estabeleceu como uma codificação espiritual.

Para entendermos determinadas coisas que se tornam tradição vamos falar a origem da continência. Na era medieval os soldados de batalha quando viajavam pelas estradas e encontrava-se com outro cavaleiro no caminho, eles se cumprimentavam levantando a frente de seu elmo segurando até que passavam um pelo outro. Se o elmo não era levantado era sinal de batalha, de luta, de se mostrar inimigo. Esse cumprimento se perpetuou no meio militar e tornou-se a continência, sinal de respeito entre militares, consolidando-se como tradição. Muitas coisas que existem no meio religioso acontecem da mesma maneira, coisas que se perpetuaram e tornaram-se fundamentos.

Para correlacionarmos o que entendemos como forças espirituais, necessitamos recorrer ao entendimento do tempo. O tempo é a grande força existente no universo, todos os nossos acontecimentos históricos estão dentro dele. A medida do tempo em horas na convenção moderna determina que uma hora possua, 60 minutos, ou 3 600 segundos.

Isto é aproximadamente 1/24 avos, de um dia da Terra. A hora foi originalmente definida no antigo Egito como 1/24, baseado no sistema de numeração duodecimal. A medida de horas, se dá sobre a base de rotação da Terra sobre a dimensão (tamanho) do planeta.

Os dias são divididos em horas, dos quais dividimos e correlacionamos também às forças existentes. O sistema de contagem de horas foi criado na antiga babilônia entre 1950 a.C. e 539, esta contagem do tempo está relacionado na observação do Sol, onde dividimos em quatro períodos, são eles: matutino, vespertino, noturno e madrugada.

Em magia cada período tem sua função e através desta informação conseguimos entender várias coisas que ocorrem dentro de nossos trabalhos. A atenção se aguça, a percepção melhora, e entender, o porquê seu guia pediu para acender a vela em determinado horário, com certeza a espiritualidade se utiliza destes recursos com grande sabedoria, dando-nos condições de fazer o melhor.

Matutino	Forças de Elevação Estímulo Regeneração Tornar-se Alcançar Iniciar
Noturno	Forças de Expansão Vigor Conquista Continuar Viver Envolver Fazer

Vespertino	Forças de Fixação Compreensão Convicção Ser Estar Poder Permanecer
Madrugada	Forças de Diluição Desapegar Decidir Permanecer Diluir Desfazer Recomeçar

Alguns atributos dos quais melhorarão o entendimento sobre os períodos existentes no dia, mostra um olhar interessante sobre os horários escolhidos para determinadas tarefas, entendendo quando os guias mandam acender ou ativar uma força em um determinado momento.

Matutino ou Manhã: 6h às 11h59min

Vespertino ou Tarde: 12h às 17h59min

Noturno ou Noite: 18h às 23h59min

Madrugada: 0h às 5h59min

A mesma coisa sobre o que citei sobre estar voltado para um ponto magnético, estar trabalhando em um período, onde não está sendo regido diretamente sobre o que será realizado, não determina o insucesso da tarefa. Mas quando colocamos todas as forças na mesma direção, com os horários definidos, lua na fase correta e o ponto magnético determinado ao objetivo, ficarão melhores os resultados de maneira surpreendente. Lembrando que o tempo é dividido pela contagem das fases da Lua e pelo tempo que a Terra leva para dar a volta completa em torno do Sol, são 365 dias, correspondente a uma volta completa em torno do Sol.

Em magia as derivações existentes no horário estão relacionadas as forças planetárias astrológicas, que quando entendidas, melhoramos nosso dia-a-dia. Podemos correlacionar a uma vastidão de poderes existentes, lembrando que estes estudos provem das interpretações milenares relacionados à antiga forma de interpretação da astrologia. Nada que estou passando é de criação minha, e sim, de uma codificação estabelecida na construção sobre a evolução do homem, no entendimento que vai além de religião.

Entendamos que utilizar de magia, vai muito além de crendices, está relacionado a uma ciência, que quando entendida correlacionamos a nossa religiosidade. A religião de umbanda, bem como outras, candomblé, bruxaria, wicca, são entendidas como naturais, todas elas estão intrinsicamente correlacionadas aos planetas. E como já citado sobre a região da Mesopotâmia, hoje Iraque e Irã e em Istambul, onde foram encontrados na região de Sanliurfa, por arqueólogos vários artefatos, onde tudo está ligado de alguma maneira aos astros e ritos. No antigo Egito a relevância sobre o estudo da astrologia, onde observamos as pirâmides ligadas diretamente a Órion, os antigos Maias, Incas e Astecas, povos ligados aos astros e a adoração ao Deus Sol. Entre tantos já citados anteriormente e ainda com a relevância de seus ritos serem adornados pela utilização de velas, é tudo mágico e coerente, tudo está interligado!

Na próxima página, segue a tabela dos dias e as forças planetárias definindo os horários de uma maneira que podemos melhor aproveitar os trabalhos de magia com as velas.

Hora do Sol

Orixás Regentes: Oxalá, Oxalufan, Ibeji.

Momento de brilhar, de elevar suas forças. Chamado de horário dos grandes líderes e dos sacerdotes. Intensifica e favorece as atividades que exigem energia ou assuntos relacionados com a força, poder e liderança. É o momento em que você estará com sua energia a todo vapor. Boa hora para tratar de assuntos relacionados a dinheiro e prosperidade, negócios, procurar emprego, fazer planos para o futuro e comprar coisas novas. Momento para iniciar tarefas espirituais, abrir espações mágicos. A união dos orixás anciões com a leveza do caminho novo que se abre, horário de ouro, de luz e elevação.

Hora	Domingo	Segunda	Terça	Quarta	Quinta	Sexta	Sábado
1ª	Sol	Lua	Marte	Mercúrio	Júpiter	Vênus	Saturno
2ª	Vênus	Saturno	Sol	Lua	Marte	Mercúrio	Júpiter
3ª	Mercúrio	Júpiter	Vênus	Saturno	Sol	Lua	Marte
4ª	Lua	Marte	Mercúrio	Júpiter	Vênus	Saturno	Sol
5ª	Saturno	Sol	Lua	Marte	Mercúrio	Júpiter	Vênus
6ª	Júpiter	Vênus	Saturno	Sol	Lua	Marte	Mercúrio
7ª	Marte	Mercúrio	Júpiter	Vênus	Saturno	Sol	Lua
8ª	Sol	Lua	Marte	Mercúrio	Júpiter	Vênus	Saturno
9ª	Vênus	Saturno	Sol	Lua	Marte	Mercúrio	Júpiter
10ª	Mercúrio	Júpiter	Vênus	Saturno	Sol	Lua	Marte
11ª	Lua	Marte	Mercúrio	Júpiter	Vênus	Saturno	Sol
12ª	Saturno	Sol	Lua	Marte	Mercúrio	Júpiter	Vênus
1ª	Júpiter	Vênus	Saturno	Sol	Lua	Marte	Mercúrio
2ª	Marte	Mercúrio	Júpiter	Vênus	Saturno	Sol	Lua
3ª	Sol	Lua	Marte	Mercúrio	Júpiter	Vênus	Saturno
4ª	Vênus	Saturno	Sol	Lua	Marte	Mercúrio	Júpiter
5ª	Mercúrio	Júpiter	Vênus	Saturno	Sol	Lua	Marte
6ª	Lua	Marte	Mercúrio	Júpiter	Vênus	Saturno	Sol
7ª	Saturno	Sol	Lua	Marte	Mercúrio	Júpiter	Vênus
8ª	Júpiter	Vênus	Saturno	Sol	Lua	Marte	Mercúrio
9ª	Marte	Mercúrio	Júpiter	Vênus	Saturno	Sol	Lua
10ª	Sol	Lua	Marte	Mercúrio	Júpiter	Vênus	Saturno
11ª	Vênus	Saturno	Sol	Lua	Marte	Mercúrio	Júpiter
0	Mercúrio	Júpiter	Vênus	Saturno	Sol	Lua	Marte

Significados de cada hora planetária, dentro da tradição astrológica.

Hora da Lua

Orixás regentes: Iemanjá, Nanã, Oxumaré, Tempo, Exu.

Momento ideal para ações rotineiras. É boa para rever e reposicionar seus sentimentos e suas emoções. Excelente para abrir oráculos e trabalhos com os guias espirituais. A sua sensibilidade estará à flor da pele, mais instável que normalmente seria. Favorável para tomada de decisões rápidas, limpeza e organização do lar e dos negócios, viajar para rever pessoas que gosta. A hora da lua é mística, trazendo a força de nossos guardiões, ou momento de ativação de poderosa energia para desmanchar trabalhos na Lua Cheia. Não é uma boa hora para realizar mudança de residência. Atrair vibrações positivas com as forças de Mãe Iemanjá, com a sabedoria de Mãe Nanã, a proteção contra as magias destrutivas pela força do Orixá Oxumaré, a diluição do que não serve e a evolução proporcionada pelo Tempo, e os caminhos abertos por Exu.

Hora de Marte

Orixás Regentes: Ogum, Oxaguian, Exu.

Momento de ação e conquistas, recomeçar de onde parou. Ideal para tarefas que exijam disciplina, que sejam assertivas e competitivas. É necessário ter cuidado com discussões, acidentes e incêndios devido à energia poderosa desta hora. Esta hora é onde podemos usar dos influxos para ativar nossas proteções, desmagnetizar trabalhos de ordem negativada com a vibração de Ogum, Oxaguian e Exu. As fases lunares devem ser atenciosamente observadas, una as fases com os propósitos desta hora. Chamada hora do guerreiro, das grandes conquistas na vida, do combate principalmente sobre nosso eu interior, eliminar o negativo dentro de nós e assim se fortalecer.

Hora de Mercúrio

Orixás Regentes: Xangô, Iansã, Obá.

Momento de comunicação e de grande atenção. Excelente para envio de documentos e assinaturas de contratos, fechar negócios em que se queira lucrar, enviar cartas, fazer consultas jurídicas. Nesse período você terá sucesso ao assinar papéis. Bom momento para tirar ou renovar documentos, para atividades ligadas ao estudo, o ensino em geral e aprender estudos novos. A vibração desta hora está muito ligada ao orixá Xangô, ativar sua magia para a justiça neste momento movimentará grandes energias, com as vibrações de determinação do Orixá Iansã e a certeza do orixá Oba. De acordo com as fases lunares pode-se ativar a magia com as velas em uma variedade de tarefas espirituais, a direção magnética potencializa as determinações.

Hora de Júpiter

Orixás Regentes: Oxóssi, Ossaim, Logunedé.

Momento de expansão para novos horizontes e para ser feliz. Traz inspiração, é o momento ideal para fazer compras, visitas e tratar de assuntos que se relacionem ao dinheiro, abundância e de prosperidade; assim como para tornar mais ágeis questões legais. Pedidos ao orixá Oxóssi trará expansão para sua vida, abra as vibrações neste horário na lua crescente e terá grandes resultados. Todos os nossos orixás nos trazem grandes poderes, nesta hora o seu orixá regente pode ser evocado para elevar suas forças, momento ideal para acender velas diante de seus assentamentos e colocar água na quartinha. Ossaim nos traz a vibração e energia poderosa das ervas, Logunedé a riqueza e prosperidade junto a Oxóssi com a abundância.

Hora de Vênus

Orixás Regentes: Oxum, Ewá.

Momento de harmonia sobre assuntos ligados a autoestima e ao amor. Ideal para atividades ligadas ao prazer, para os contatos íntimos, sociais e relacionamentos. Hora muito boa para promover o seu social. Quer comprar algo bonito e que dure para sempre? É nela que você deve comprar coisas para seu lar, renovar seu guarda-roupa e marcar a sua data de noivado e casamentos feliz. É nesta hora que ativamos velas para desmagnetizar na lua minguante trabalhos de amarração, ou de acender vela na lua cheia para solidificar seu relacionamento. Os orixás das águas estão com suas forças potencializadas neste horário e através das fases lunares podem-se realizar magias com as velas para uma vastidão de situações. A regência de Oxum adentra os campos emocionais e de proteção, enquanto Ewá amplia nossa visão sobre todas as coisas.

Hora de Saturno

Orixás Regentes: Obaluaê, Omulú, Exu.

Momento de resolver. Exige reflexão profunda, reestruturação de ideias e execução de tarefas que requeiram paciência e disciplina. É uma hora mais tensa e que requer atenção e cuidado, pois tende a ser desfavorável se não tiver a atenção em relação às fases lunares. É bom para cuidar da saúde e prestar atenção a qualquer proposta que lhe fizerem nesta hora. Ótima para finalizar assuntos, péssimo para iniciar coisas novas. Horário ligado ao poder planetário aos orixás Obaluaê, Omulú e Exu, podendo sim acender velas a qualquer força orixá, porém as vibrações estarão sobre a regência destas três forças citadas. Observando as fases lunares, a direção magnética, podemos tirar proveito dos influxos naturais. Aliar tais informações com o trabalho de magia com as velas pode resultar em grandes trabalhos.

Para podermos aproveitar o máximo do que se pode aprender sobre magia, vamos recorrer ao raciocínio sobre como ocorrem às ações dentro dos diversos trabalhos existentes. Encontramos dentro que já foi revelado que tudo se entrelaça através de uma linha simples de interpretação, logo entendemos que tudo está ligado em magia através de quatro elementos básicos, ar, terra, água e fogo. Elementos estes que por interpretação na esfera da magia encontramos na vela, elemento base dos vários trabalhos executados em religiões chamadas de naturais. A correlação das fases lunares, interpretando o quão é poderoso, estar sabedor dos influxos e influências que a lua nos traz. A força magnética identificada pelos pontos cardeais (rosa dos ventos), aonde observamos que estar voltado a uma direção determina muitas ações, inclusive identificando que os nossos guias assim o fazem, e creio que os antigos magos também se utilizaram. As influências planetárias e sua vastidão de possibilidades através dos poderosos influxos desprendidos a cada segundo exercido pelo movimento dos planetas em nossa órbita. Adentramos na importância dos dias e das horas que se seguem, assim aproveitando dos valiosos recursos colocados à disposição daqueles que estudam e passam a interpretar correlações e interligações de vibrações que favorecerão os trabalhos de magia com as velas.

Para nos tornarmos iniciados dentro de um trabalho, onde encontramos o uso dos elementos, se torna imprescindível tais compreensões, desta maneira o êxito da tarefa se tornará realidade.

Embora possa parecer o suficiente para o iniciado realizar seus trabalhos, ainda existe um pequeno percurso a ser compreendido, como falei ter conhecimento não quer dizer que se pode considerar-se sabedor!

Todo trabalho exige do iniciado, ser a pessoa ideal para tal finalidade, ou seja, a mente humana interligada com o caráter, que determinará sua evolução ou a estagnação.

O preparo do indivíduo dentro das esferas espirituais dependerá de seus princípios! Este simples adjetivo dirigido a alguém significa que determinada pessoa possui atributos morais e éticos que pautam a sua conduta como ser humano. O iniciado em sua jornada aprende valores, conceitos que se tornam o caminho pelo qual ele percorrerá durante sua vida. Uma coisa é certa, aquele que busca se melhorar se tornará uma pessoa de sucesso e de bom caráter, mas aquele que pensa que tudo já sabe e se estagna em seus estudos está tomado pelo "ego". Sempre haverá espaço para melhorar e evoluir, digo mais, buscar ser é uma coisa, se tornar é algo que implica em se manter aonde chegou. Se mantiver aonde chegou é uma tarefa diária, onde o exercício da paciência, da leveza de pensamento é cotidianamente repetido pelo médium, ou iniciado.

Ai que trago uma reflexão; se tornar um "mago" é ter uma vida ilibada, viver em função da espiritualidade e sabedor de todas as ações que já passei, com muito mais informações, principalmente sobre a astrologia, filosofia e entendendo os valores dos elementos mágicos existentes. Ser uma pessoa diferenciada, altruísta e com valores de exemplo para a sociedade, ser bom filho, bom pai e bom marido. Ser um sacerdote é algo dentro dos mesmos padrões, entendendo que ser sacerdote é estar diariamente a serviço da espiritualidade, estar o dia inteiro dentro do templo em função de seu sacerdócio. Ser um dirigente espiritual implica na responsabilidade de direcionar, preparar e estar à disposição algumas horas da semana para seus seguidores. Embora pareçam as mesmas coisas, não é, e ser médium em primeiro lugar é se tornar um bom iniciado, aquele que busca aprender respeitando a hierarquia, respeitando os mais velhos, aqueles que estão no caminho há mais tempo.

Coloco-me aqui como um médium, que chegou ao nível de um dirigente espiritual, não me coloco como sacerdote, pois não estou todos os dias a serviço do templo e dos fiéis, não sou mago, pois creio que tal grau requer muito mais estudos do que tenho. Não se trata de menosprezar tais graus e nomenclaturas, e sim, de dar a estes graus a devida valorização.

Seguindo aqui sobre o preparo do iniciado através de alguns princípios. São eles:

- **Excelência** – ter excelência em tudo que vai realizar tudo que se faz com esmero flui e dá certo, ter capricho nas tarefas e dar atenção ao Todo e a tudo, interpretando com sabedoria os acontecimentos ao redor.
- **Disciplina** – ter disciplina implica em ser respeitoso, chegar na hora correta, deixar as coisas em ordem.
- **Humildade** – ser humilde é ter em si a virtude da paciência, pois só consegue atingir a humildade quando dominamos nossa mente em relação a nossa emoção.

É ser desprendido de futilidades, passando a valorizar primeiro o espiritual, consequentemente valorizar o que se tem sem o envaidecimento.

- **Honrar seu nome** – uma das coisas mais valiosas que temos é o que somos e nos tornamos.
- **Não ande com pessoas desonestas** – embora não pareça um atributo de ordem espiritual, digo assim, diga-me com quem andas que te direi quem tu és.
- **Seja um pacificador** – como iniciados temos o dever de sermos apaziguadores onde existem conflitos.
- **Não tome decisões com raiva** – o desiquilíbrio deve ser pensado pelo iniciado, mesmo que este esteja passando por momentos de raiva. Busquemos o equilíbrio emocional através do que se tornou, ou está se tornando.

O porquê estes atributos estão colocados dentro dos conceitos de magia? Só podemos passar aos outros, o que temos ou o que vibramos, junto ao nosso conhecimento e vivência. Todo iniciado tem como meta utilizar da magia com as velas na finalidade de ajudar-se e ajudar outras pessoas, que por ventura passarão em seu caminho. Portanto o preparo é base fundamental para esta finalidade tão nobre, mostrando e valorizando a encarnação e o sentido da existência que possuímos de forma única por cada indivíduo. Entre os princípios já estabelecidos no manual, onde detalhamos alguns conceitos importantes, entraremos em outra esfera de compreensão valiosíssima. Para atuarmos com eficácia na senda espiritual, o atributo do pensamento e da vocalização, fazem parte de um arsenal que temos em nós, ajudando de maneira fundamental na utilização de todos os recursos já citados.

Nosso pensamento tem poder, "***penso logo existo***" a frase de autoria do matemático e filósofo Francês René Descartes nos faz analisar com profundidade muitas coisas sobre o pensar e o que nos tornamos. Tudo que o homem fez e faz se principia nos campos do pensamento.

Para nós religiosos, estudiosos da espiritualidade, somos sabedores que existe a conexão com a espiritualidade, entramos em contato com uma inteligência espiritual que nos ajuda no caminho ao qual estamos percorrendo. Somos receptores de informações do Alto, captamos mensagens de luz que repassamos através do que adquirimos no aprendizado aos irmãos de nosso convívio. No caso de médiuns que incorporam, os nossos guias se utilizam de nossas vibrações, de nosso campo mental, para atuarem na esfera humana física atraindo os influxos espirituais. Porém todos estes casos são utilizados recursos e informações que estão em nossa mente, os guias atuam através do dicionário mental que possuímos.

Além da utilização do conhecimento armazenado em nosso campo mental, nosso corpo é um grande sistema de forças, somos compostos de um corpo físico e de campos energéticos, elétricos e magnéticos, que se estende ao campo mediúnico espiritual, entrando na infinidade de possibilidades. Todo este sistema é utilizado por nossos guias e utilizado por nós em nossas tarefas espirituais, compreender a sistemática de funcionamento dá ao iniciado algo a mais, como já citei, não vamos fazer as coisas apenas pela fé cega, mas pela fé racionalizada, baseando-se sempre nas referências de uma ciência espiritual.

Nossa mente possui uma imensa capacidade, são pouco utilizados os recursos mentais que cada indivíduo possui, mas conseguimos avançar e obter melhores resultados através do conhecimento e romper algumas barreiras que muitas vezes se apresentam, ou mesmo estão ocultas em nosso subconsciente.

O nosso cérebro, a parte física de nosso corpo, junto com a glândula pineal e todos os outros terminais existentes em nosso corpo, chamado de sistema nervoso central, se comunicam através de impulsos elétricos definidos pela ciência. A lacuna da comprovação cientifica, tão cética, é definir de onde provêm os impulsos elétricos, que vão além de funções químicas do corpo. Existe, além disto, energias exsudadas e frequências eletromagnéticas que se expandem através dos nossos centros de força (chacras), se estendendo aos campos mediúnicos que vão além no vácuo, através de nossos pensamentos desejados, indo em uma "frequência" própria. Este ponto é extremamente valioso ao iniciado que quer compreender as funções e mecanismos de todo trabalho executado na espiritualidade, seja desde uma oração, até os trabalhos mais elaborados que chamamos de magia.

Nossos receptores sensoriais são sensíveis a frequências de ondas eletromagnéticas, chamadas de Hertz. Os Hertz é uma unidade de frequência que mede estas ondas, quando dizemos que uma onda vibra 60Hz, significa que esta onda oscila 60 vezes por segundo, esta frequência de uma onda só se altera quando houver a mudança da fonte geradora.

Nosso cérebro é um grande gerador de impulsos elétricos, a comunicação dos neurônios se dá por este processo por sinapses, compreendido isto observamos que existe uma razão quando nossos guias cruzam a cabeça, ou sobre os preparos que são feitos nos assentamentos de força, no recolhimento. Cada ser humano possui características individuais sobre ondas cerebrais, todos possuem um protótipo e um ritmo, incorporando as frequências de ondas medidas em Hertz. A variação colocada na sequência está dentro de um padrão genérico determinado em uma média dentro de medidas destas ondas. Além dos impulsos cerebrais, hoje a ciência avançou podendo identificar uma pessoa através do batimento cardíaco, que como uma digital, ou mesmo como a íris, é único. Não existe batimento cardíaco igual de um indivíduo a outro, isto pode ser detectado por aparelhos já fabricados por cientistas, que descobriram que não existe batimento igual entre os seres humanos. São ondas definidas como frequências únicas, nós somos seres únicos e individuais dentro do universo e do processo de atuação espiritual.

Esta explicação é valiosa para compreendermos que nada está solto, tudo que existe tem uma correlação e o trabalho de magia só ocorrerá com um iniciado preparado e sabedor da procedência de algumas forças e de quais recursos utilizará para adentrar na frequência correta!

Existem cinco frequências mentais que utilizamos diariamente em nossa vida, quando entendemos estas forças conseguimos estabelecer ações que determinarão tudo que realizaremos não só dentro de um trabalho espiritual, mas em nossa existência.

Estas frequências são divididas assim:

- Gama – ondas de 25 a 100 hertz
- Beta – ondas de 14 a 40 hertz
- Alfa – ondas de 7,5 a 14 hertz
- Theta – ondas de 4 a 7,5 hertz
- Delta – ondas de 1 a 4 hertz

Para atingirmos os objetivos dentro da espiritualidade necessitamos compreender que tudo estará ligado em ondas, sejam as espirituais que entram na esfera ilimitada de possibilidades, se limitando a nós mesmos, ao que merecemos de acordo com nossa conduta, ou mesmo por resgate de ações de vidas passadas ou ações posteriores desta encarnação. Tudo se repercute por ondas, seja dentro dos planos espirituais ou em nossas vibrações mentais, das quais entenderemos a seguir.

Tudo está ligado intrinsicamente através de nosso mental, as frequências citadas acima, para utilizarmos dos recursos já explanados necessitamos estar na frequência mental correta, entendendo o que está sendo mentalizado. Nossas emoções determinam muito, por isto buscar a razão e o bom senso fará sempre a diferença, sem contar que respeitar as leis espirituais, de fazer sempre o bem para receber coisas boas, ação e reação. Volto a citar a valiosa importância de preparos existentes na esfera espiritual realizado dentro dos templos, no caso cito a umbanda, onde o recolhimento e os assentamentos ligados ao médium fazem toda a diferença. Atrai as frequências necessárias para o campo mental do iniciado, porém, este que se iniciou necessita entender os mecanismos aqui explanados, só assim valorizará o que recebeu e absorverá com maior intensidade tudo que foi passado por seu dirigente.

Correlacionar as forças dos astros, dos pontos magnéticos, das fases lunares, dos elementos da natureza, com as forças do dia da semana, com o horário correto, com as forças mediúnicas e dos assentamentos, e ainda, sabedor da frequência correta, dará ao iniciado grandes possibilidades. Lembrando, o *Manual de Magia com as Velas*, une todos os recursos e interpretações básicas para se tornar uma grande ferramenta de interpretação dentro dos mecanismos que ocorrem dentro de um trabalho.

Nossos pensamentos possuem oscilações em frequências bem definidas e que foram citadas em hertz como referência de estudo. Para compreendermos de maneira objetiva e eficaz segue as referências sobre cada uma destas ondas dentro de apontamentos que possibilitarão uma fácil absorção.

- Gama – é a onda mais longa e rápida, determina nossa frequência quando estamos agitados, discutindo, resolvendo algo complexo ou agressivo. Pessoas com quadro de ansiedade ficam mais tempo dentro desta frequência, isto pode afetar a saúde. Nós necessitamos estar nesta frequência em nosso dia a dia para adentrarmos no pensamento da razão, direcionando a frequência Gama em características positivas.
- Beta – é uma onda com frequência de alta a média vibração, é onde atuamos diariamente com as ações de trabalho, onde conversamos e socializamos. É a onda do estudo, é nesta onda que entramos em contato com nossa intuição e inteligência interior. Colocamos todas as ações ligadas às atividades do cotidiano dentro da frequência Beta.
- Alfa – é a onda dos terapeutas, da meditação e relaxamento, é a onda que nos liga inicialmente com nosso campo espiritual, nossa mediunidade se abre e conseguimos contato com nosso eu interior, nossos guias, mentores e protetores. Em Alfa está a mediunidade consciente, semiconsciente tão valiosa para os médiuns, onde devemos estar para realizarmos nossas tarefas dentro da magia, conectados espiritualmente com nossas forças.
- Theta – é a onda perfeita para grandes sacerdotes, dirigentes espirituais, magos e disciplinados iniciados, é onde estão ligadas as melhores ações de nosso subconsciente, é nesta frequência que se encontra a incorporação perfeita, onda ligada às referências da paz e do amor. Atingir esta onda requer meditação constante e o entendimento do que somos e nos tornamos para esta vida e para a eternidade.

- Delta – é a onda com a mais baixa frequência, encontramos a hiperconsciência onde estamos dormindo profundamente, estamos relaxados e com a mente trabalhando o que absorvemos durante o dia. É nesta frequência que também entramos em contato com forças espirituais de maneira incrível, inclusive abrindo algumas situações de vida passada.

Estes apontamentos são pequenas referências para entendermos a nós mesmos dentro do trabalho que executaremos, nossa meta é buscar sempre a frequência Theta, que é a frequência onde mudamos algumas realidades dentro de nosso inconsciente por autossugestão.

Para entendermos o que estou citando vamos a uma compreensão do que ocorre em nossa vida, até os sete anos de idade absorve-se toda a base do que nos tornaremos na vida, até os trinta e cinco consolidamos todas as verdades que ficam armazenadas em nosso inconsciente. Isto é muito sério, quer dizer que muitas coisas que aprendemos após os trinta e cinco anos podem ser sabotadas inconscientemente por nosso inconsciente que criou verdades absolutas.

Para rompermos as barreiras criadas em nosso inconsciente, tornando as barreiras em entendimento e força, é fundamental crermos profundamente no que estamos aprendendo, criando assim a autossugestão.

Estamos falando também de algo que vai além do que estamos aprendendo, colocar em movimento ou em prática, seja para nós, ou estaremos atuando muitas vezes na orientação de outras pessoas. Entendemos que estas pessoas receberão as informações dentro da frequência Beta, estas necessitam estar dentro dos padrões desta onda para iniciar o entendimento sobre mudanças de conduta que melhorarão sua vida por meio do trabalho espiritual de magia religiosa.

Quando os nossos guias estão lidando com uma pessoa em atendimento, eles agem dentro da frequência Beta, atuando para que esta pessoa entre na frequência Alfa, que permite o adentrar em algumas esferas do campo mediúnico e energético da pessoa a ser trabalhada.

A mecânica de atuação dentro de frequências possibilita o adentrar nas esferas espirituais, nossos guias, dependendo do trabalho, possibilitam aberturas de portais espirituais com poderes dos orixás, que ajudarão nas centenas de situações e possibilidades. Isto é incrível, pois a atuação entendida desta maneira nos dá uma amplitude de interpretações, valorizamos ainda mais o que realizamos e o que recebemos.

Nada está solto, a correlação dos médiuns e assistidos dentro de um espaço, determina que todos estamos dentro dos magnetismos, energias e frequências que são expandidos por todos os elementos, assentamentos, velas, ervas, pontos riscados, etc.

Tudo isto sem contar ainda as tantas vibrações provenientes das esferas espirituais, provenientes dos pontos de força da natureza e dos poderes do alto, lembrando que todas as tarefas sempre terão o envolvimento com a magia das velas.

Nossas ondas mentais são influenciadas pelo meio em que estamos, dentro da ação litúrgica a mente capta através dos cinco sentidos, audição, olfato, paladar, tato e visão, interagindo com o nosso sexto sentido que nos permite o contato com a espiritualidade de maneira sutil.

A luz que vemos com nossos olhos é um tipo de radiação eletromagnética que percorre o espaço ou vácuo, é uma força radiante que influência nossas vibrações e que sentimos se estivermos dentro de frequências adequadas.

Uma vela acesa possui ondas vibracionais que unida a forças espirituais e através das ondas desprendidas mudam realidades.

A cor da vela é uma fonte importante de variação de ondas, cientificamente comprovado que a cor influência os átomos, cada cor possui uma velocidade e pigmentação que determina o tipo de influxo. Embora a chama da vela não reflita a cor da cera em sua propagação de luz, nosso campo mental e as vibrações Beta e Alfa de nossas ondas mentais (sexto sentido e consciência superior), captam o os eflúvios da cor, que se propagam no vácuo.

As cores relacionadas aos nossos orixás, além de determinarem a ligação ao ponto de força ao qual pertencem, estão ligadas as vibrações das nuances existentes dentro das ondas vibratórias existentes na tela astral, ou teia dimensional.

Em magia atuamos constantemente com estes elementos, mesmo que não coloquemos a intenção dentro dos detalhes metafísicos, estes estão incorporados nas ações da magia.

Desta maneira a cor da vela ajuda, não sendo determinante, pois a vela branca pode substituir qualquer cor dentro da liturgia ou dentro da magia, mas como já citado, tudo que pudermos utilizar na melhoria dos resultados pretendidos, utilizemos.

Dentro dos padrões das nuances de cores, de ondas mentais, fases lunares, pontos cardeais, dias e hora determinando uma tarefa na magia, um ponto para interpretarmos e aprofundarmos nossas tarefas espirituais é também a propagação do som.

O som que percorre dentro do mesmo vácuo que se propaga a luz da chama, porém, com frequências bem definidas, é um dos pontos que digo cruciais para que o trabalho alcance seu êxito! A luz percorre muito mais rápido no vazio do que o som, mas ambos juntos fazem parte do grande arsenal que utilizamos.

Nossa verbalização atua através do que pensamos, logo o pensar estará dentro do quadro já apresentado anteriormente em relação às ondas, portanto uma oração, uma evocação junto ao conhecimento adquirido fará com que a magia ou o campo mágico se estenda atingindo os objetivos desejados.

Uma evocação com determinação abre no astral um poder, relacionado à espiritualidade é uma grande ferramenta de trabalho. Nossos pontos cantados dentro da religião de umbanda, quando sabedores do que estamos entoando, logo atraem seres, energias, magnetismos necessários ao trabalho de magia que foi determinado.

O manual servirá para qualquer iniciado que queira atuar de maneira segura na esfera da magia, seguindo om padrão dos estudos colocados, os trabalhos de magia, na prática, é grande ferramenta de atuação.

Para continuarmos nossa construção do que é magia, interpretando os fatores que determinam como atuar sabedor do que está sendo realizado se faz necessário que entendamos sobre as formas, sobre a geometria das coisas e o porquê de determinados aspectos geométricos dentro da magia.

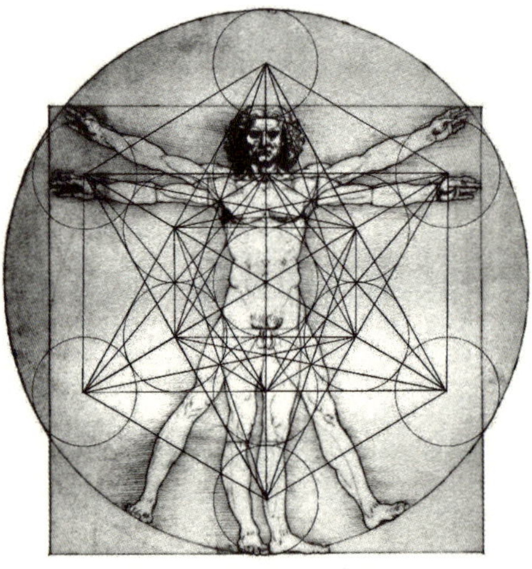

O Homem Vitruviano de 1490 e a Geometria Sagrada

Leonardo da Vinci além de pintor foi cientista, matemático, engenheiro, inventor, anatomista, escultor, arquiteto, botânico, poeta e músico. Ele nos chama a atenção principalmente sobre a geometria e matemática, nos deixando valioso material de estudo. Transferindo dentro das referências de interpretação, ele estudou e observou à natureza, com suas estruturas perfeitas em sua formação, uma flor, um fruto, um cristal, segue uma sequência de formas geométricas. Através do teorema de Pitágoras nos deparamos com as formas perfeitas, com ângulos e medidas, com a base na matemática, pois nosso universo é formado por um sistema perfeito matemático com sua geometria sagrada.

Citados estes dois personagens, que com certeza são referências dentro de estudos para vários ramos de atividade na humanidade, também servem de exemplo para a magia. Não existe o acaso, tudo tem uma correlação e o porquê de existir, formas de perfeição criam vida, a proporção áurea ou número de ouro deve ser visto além da arte, a forma perfeita traz a verdade, a lealdade, consequentemente atrai forças das mais elevadas. Nosso trabalho em magia é entender e interpretar o porquê de algumas coisas, não quer dizer que exista uma verdade absoluta, mas a intensão é dar ao iniciado ferramentas de atuação com o pensamento lógico, sem o agir apenas copiando e repetindo, mas refletindo o que realmente faz sentido de existir e de se realizar.

O homem Vitruviano de Leonardo da Vinci mostra medidas harmoniosas, encontramos simbologias das quais unimos a Geometria Sagrada, estas medidas se repetem na criação, dando-nos referências valiosas que existe algo além da beleza apresentada. "*Geometria é a disciplina matemática que tem por objetivo o estudo do espaço e das formas nele contidas*".

Vamos levar este pensamento para três situações bem conhecidas dos estudiosos do esoterismo, dos cabalistas e dos estudiosos de umbanda. A cabala vista de imediato, com toda sua simbologia existente, percebemos que se trata de algo que vai muito além da forma, são símbolos vivos, que refletem algo muito maior, é a ligação com O Divino em todos os sentidos.

Todas as formas e símbolos, bem como nossos pensamentos, o que verbalizamos, em fim tudo que o ser humano traça dentro dos padrões onde a mente se encontra, está ligado ao universo, à força criadora, que chamamos de teia universal. Todas as formas existentes são parte deste Todo, as enumeras simbologias existem para nos ligar a esta teia de grande poder, onde ela reflete princípios de grandeza ligada às místicas de todas as religiões, de todas as vibrações e magnetismos existentes. Entende-se que dentro da cabala, dentro das mandalas, ou mesmo dentro dos pontos riscados, todo tipo de simbologia é um ícone vivo que representa um poder. A lua, por exemplo, dentro dos símbolos representa o satélite natural e sua influência dentro do que realizamos, dentro da cultura religiosa de umbanda, é ligada a forças existentes dentro do conceito dos Orixás, ou mesmo dentro do padrão dos nossos guias. Encontramos setas, ou flechas, lanças, espadas, machados, que por trás destes ícones de representação está à definição de expansão, ordem, justiça, entre tantas ações que se destinam a centenas de possibilidades que nossos guias sabem muito bem. As estrelas seja a de seis pontas, de cinco ou mesmo de sete pontas, representam em culturas distintas muitas coisas, dentro da religião de umbanda ligamos dentro de referências a divindades. Por trás de cada símbolo existe um poder representando uma doutrina que eleva e se traduz como um caminho a ser seguido e percorrido!

Os cabalistas, "verdadeiros", são grandes magistas manipuladores de forças ligadas a natureza, aos seres celestes e Ao Criador! Encontramos as mandalas, que são formas geométricas com a dinâmica relação entre o homem e o cosmo. Sendo em toda a mandala a exposição plástica, visual e material do retorno à unidade pela determinação de um espaço sagrado e ligação ao tempo divino, ligando o ser ao Todo. Os mandalistas são exímios manipuladores de forças existentes na espiritualidade, com ações diferentes dos cabalistas, embora muitos por não entenderem coloquem ambos os trabalhos no mesmo campo. Para os hinduístas e budistas, a mandala ajuda na concentração da prática meditativa e é comum encontrá-las nos templos destas religiões.

Cabala

O terceiro apontamento de espaços com formas definidas são os pontos riscados existentes dentro da doutrina religiosa de Umbanda, muitas vezes chamado de ponto cabalístico, é uma grafia sagrada que reflete diagramas riscados a mão, com ângulos, retas, flechas, machados, linhas geométricas e elementos que ligam aos astros e a identidade de entidades que se manifestam dentro desta religião.

Mandala

Caboclo Guiné

Cabocla Jupiara

Baiano Jeremias

Pai José de Aruanda

Baiano Severino da Curaçá

Vovó Maria Conga

Ponto Riscado na Umbanda

Estas três situações se unem na particularidade de serem espaços definidos com a finalidade de atrair, repelir, fixar, alinhar, proteger, entre tantas outras ações que podem ser determinadas e estudadas. Tudo isto se observarmos se tratam de magia religiosa, lembrando que a magia se estende em várias modalidades e interpretações, todas as formas de magia, quando estruturada com lógica, deve ser sim respeitada e seus discípulos reconhecidos.

Dentro do *Manual de Magia com as Velas*, encontramos referências valiosas, até agora construímos um *pensamento e fundamento*, para entendermos como atuaremos com estas ferramentas. Aqui definimos conceitos, sempre com características que atuarão na elevação do iniciado, pois existem duas situações distintas, o ser humano e a espiritualidade. Ambas as situações, seja o ser humano e a espiritualidade, colocadas aqui separadamente, nos traz uma reflexão. Acredito que a espiritualidade, com os seres divinos, com os guias e mentores, entendemos que sempre estarão refletindo ações que determinarão a elevação e evolução dos seres humanos. Nós seres humanos encarnados antes mesmo de qualquer coisa, assim como já foi colocado, somos influenciados pelo meio onde vivemos, sofremos os impactos proporcionados por nossas escolhas. O que está na mente do iniciado, que não é um ser humano melhor que ninguém, é matéria prima, que se não estiver livre dos vícios e distorções do mundo profano, este nunca conseguirá interpretar de maneira correta o que está neste manual, e creio, que nem em outro trabalho seja ele qual for. Entramos agora nos aspectos de como atuar com estas forças, que farão toda a diferença. Quero esclarecer que, uma coisa é o trabalho dos guias espirituais, que quando manifestados, livre da interferência do medianeiro, realizam grandes trabalhos, são inteligências que estão anos luz a nossa frente.

Atuar com a magia com as velas através das colocações aqui reveladas, é poder ter seu contato espiritual direto, pedindo sempre permissão para assim sermos assistidos por forças de nossos Orixás, guias mentores e protetores. Assim como na magia popular, onde atuamos com os benzimentos, passes e ativações de forças com a utilização de velas e outros elementos, o *Manual de Magia com as Velas*, nos dá total condição de ativarmos tais forças para favorecer nossa existência.

Lembrando, este manual não substitui seu trabalho dentro do terreiro, ou do templo e nem te dá outorga nenhuma para obter algum título, serve para atuarmos na espiritualidade com sabedoria, serenidade, humildade e com toda fé nas forças que acreditamos. É licito todos os trabalhos aqui passados, porém como eu já explanei, servimos uma Lei que respeita princípios da ação e reação, portanto nossos desejos e intenções devem ser única e exclusivamente voltados às características positivistas. Quando não se atua dentro de referências elevadas, positivas e que proporcionam a elevação e evolução, logo ativamos outras frequências e forças que estão dentro de campos negativados, onde os impactos são inevitáveis.

As referências até aqui explicadas nos dá o entendimento básico do que é magia dentro de um conceito, que todos possam usufruir de cada ensino e que se reflita em sua existência a luz proporcionada por cada trabalho aberto na intenção do auxílio aos irmãos encarnados ou não!

A LEI DE PEMBA

Quem nunca ouviu falar sobre a questão da lei de pemba, os pontos riscados que assim como as cabalas e mandalas, são conexões com O Divino. Vivemos em uma geração de que o oculto ou hermético deu lugar ao aberto e possível acesso, com a abertura de estudos sobre a espiritualidade. Vejo que muitos são chamados, porém, são poucos os que realmente se colocam com respeito a muitos dos ensinos que até então eram velados e revelados apenas a poucos. A dinâmica evolutiva disponibilizou mecanismos que estão à disposição para se entender, estudar e dar condições para os médiuns desta nova geração. O ocultismo só foi delineado desta maneira por conta de perseguições religiosas, onde utilizar-se de determinadas ações eram vistas como o mal, embora não diferente do pensamento do passado, vivemos situações semelhantes hoje, mas ninguém sofre a inquisição como antes, sendo queimados ou enforcados.

Muito dos ensinos dos mais velhos, passado pela oralidade, deu espaço a valorização da expansão do trabalho escrito, que definiu a materialização no campo humano definitivamente, colaborando com milhares de irmãos necessitados do aprendizado.

Como citado, as influências que sofremos ao longo da existência humana vêm de centenas de anos atrás, e pelo estudo, existe uma linha mestra, que se observarmos nossos guias de umbanda trazem dentro dos trabalhos ensinando-nos sempre. Podemos como iniciados usufruir destas forças, reverenciando os nossos ancestrais que nos possibilitaram tamanho avanço, a lei de pemba está nas mãos dos médiuns, dos dirigentes espirituais, sacerdotes de nossa querida umbanda.

A magia e muitas religiões, sempre se utilizaram de elementos e símbolos, dentro do conceito dos diversos trabalhos realizados, na umbanda interpretamos como, magia religiosa, onde estes símbolos e elementos estão coligados aos poderes de nossos Orixás, que por sua vez, estão interligados diretamente em "tudo", através dos astros.

Para entendermos o quanto isto é verdadeiro, desde nosso DNA[4], somos influenciados diretamente por forças das estrelas e dos planetas, dos elementos da natureza, portanto o ponto riscado com seus símbolos está intrinsicamente ligado a nós e aos seres. Um átomo é sensível às influências dos astros, compreendendo este ponto fabuloso, entendemos que ter o conhecimento sobre tal característica, nos permite identificar o poder por trás de nossas tarefas. Nosso corpo tem a parte física, a parte energética, mental e a espiritual, tudo interligado, onde conseguimos através de um trabalho espiritual atender a todos os aspectos que permeiam nossa existência.

---

4. DNA é o código da formação humana e animal.

Entrando na esfera espiritual, onde entendemos que somos influenciados por seres da espiritualidade, que possuem condições de aproximação e atuação sobre nossa vida, de forma positiva ou não, conseguimos interpretar o porquê da existência da própria Umbanda. Toda religião existe para que possamos processar nossa evolução, no caso da religião de Umbanda, que é uma religião de impacto, existe para colocar determinadas forças espirituais em seus devidos lugares. Religião apoiada na existência em Um Único Criador, que possui através de suas emanações (planetárias) o poder Orixá, que une os seres de Luz, chamados de guias espirituais, entende-se assim termos algo completo e tudo podendo ser manipulado através da lei de pemba, ou ponto riscado. Lembrando que tudo passa por iniciação, estudo e respeito sobre a hierarquia, recebemos algo só de quem "tem" e pode repassar os influxos de ordem divinizada.

Isto entendido se desdobra em uma diversidade de forças aqui utilizadas dentro de padrões da magia determinado por uma lei universal de organização realizada pelo Poder dos Planetas e Estrelas interpretadas como O Criador e suas irradiações, que nos chega através de ondas. Estas ondas formam a teia de um magma divino que tudo forma e tudo estrutura através de uma geometria sagrada existente no que é tangível e intangível.

Esta simbologia oculta a nós religiosos de umbanda e de outros agrupamentos de religiões e seitas tidas como naturais, eram guardados apenas a alguns que se alto definiam-se como donos do saber, ou escolhidos na tarefa da magia, ou da religião.

Hoje digo que todos aqueles que estão dentro da religião de umbanda, ou de qualquer religião natural que se utiliza de símbolos, podem utilizar do conhecimento mais profundo, respeitando que se deve ser iniciado e ter um dirigente espiritual que seja o dignitário responsável por seu estudo, desenvolvimento e pelos assentamentos realizados dentro de uma doutrina.

A pemba elemento feito de calcário quando consagrado é um elemento vivo, que ao utilizarmos criamos portais que nos ligam as místicas espirituais das mais variadas, com o contato com os poderes planetários, que são Poderes de Deus.

Os planetas e as constelações que nos influenciam o tempo todo, são como ministros regidos pelas ações da criação e nossos guias são os "seres" que pulverizam estas vibrações amalgamadas que chegam à humanidade com a ajuda do intermediário medianeiro.

Um círculo feito no chão delimita um espaço mágico, com grande poder, quando ativamos com uma vela ali está uma porta aberta onde estas forças atuam, é onde o iniciado pode se beneficiar, ou atuar beneficiando outros irmãos, sejam encarnados ou não. Para muitos que vão observar, é apenas um círculo, para nós significa o todo, o poder e a ativação ali realizada pode mudar caminhos, determinar situações diversas, é uma ação que vem com reações elevadas e possíveis para os verdadeiros iniciados.

As imagens mostram exemplo de espaços mágicos, sendo que a terceira imagem é ponto riscado de um guia de Umbanda, diferente do espaço delimitado pelo iniciado sem a manifestação.

Um ponto de um guia é a assinatura dele e está em ressonância que o trabalho que a entidade está executando dentro do terreiro.

Os trabalhos de magia com as velas, dispostos neste manual, contém informações para que o iniciado faça seu trabalho dentro da lei de pemba e potencializando com as velas. É um trabalho de grandes resultados, porém, entendemos que nossos guias estão anos luz a nossa frente e não estamos substituindo um trabalho pelo outro, mas dando uma amplitude no arsenal de entendimento e proporcionando que o médium faça seus pedidos também dentro de uma tarefa diferenciada sem a manifestação ou incorporação como normalmente é chamado.

O círculo delimita um espaço de magia religiosa, onde se pode evocar e dar determinações através da magia com as velas.

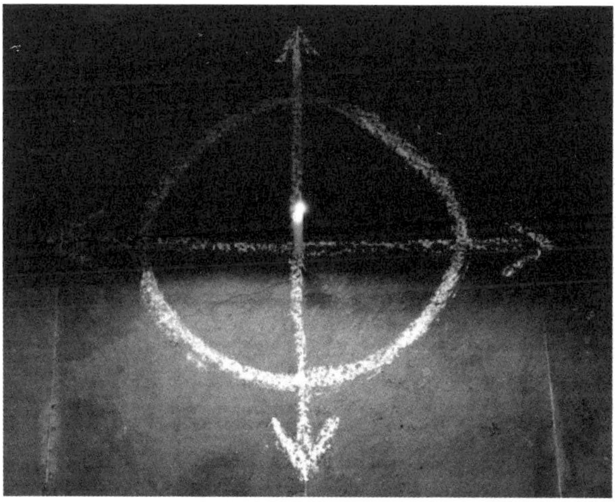

Fazendo o círculo com setas direcionadas aos pontos cardeais que potencializam a magia.

Ponto riscado por guia de Umbanda (Caboclo Ubiratan)

Ativando a Magia com as Velas

Antes mesmo de entrarmos nas questões da estrutura de um trabalho de magia com as velas, é imperioso compreendermos que a vela traz em si a força dos quatro elementos ar, terra, água e fogo.

Uma vela acesa se alimenta do ar atmosférico que possui substâncias do vapor d'água que é um dos principais componentes atmosféricos. Na vela ainda encontramos a parafina, hoje principal componente na fabricação de velas, a utilização de cera de abelha, ou mesmo de resina de árvores e azeites é pouco utilizado pelos custos. O pavio geralmente é feito de algodão, substituindo os pavios confeccionados de fibra de plantas utilizados pelos primórdios.

Estas explicações nos direcionam de maneira fácil na interpretação de que uma vela possui os quatro elementos, a terra se encontra tanto na representatividade da parafina quanto no pavio, o elemento ar e água são facilmente identificados na atmosfera através dos gases e o fogo sendo um dos elementos mais evidente.

Interpretar faz com que saibamos como ocorrem determinadas ações dentro das múltiplas vibrações que uma vela acesa proporciona. O intelecto do iniciado é utilizado totalmente, seja manifestado, onde os guias encontram facilitadores no inconsciente do medianeiro, ou mesmo sem a manifestação, apenas com os aspectos intuitivos ou de canalização.

Como estaremos entrando em atuações, entendamos, não existe nenhuma possibilidade de uma pessoa sem preparo adequado atuar dentro destes trabalhos aqui disponibilizados. É um manual para medianeiros que possuem preparo para esta tarefa, com seus assentamentos devidamente feitos dentro dos ritos aos quais foram realizados por pessoa outorgada para essa finalidade. Por mais simples que pareça ser a ativação de uma vela para ajudar alguém, não se sabe o que a pessoa a ser beneficiada está trazendo em seu campo mediúnico, em sua vida. Lidar com a espiritualidade requer preparo e conhecimento, pois só desta maneira consegue-se resultados valiosos na tarefa a ser executada.

Existem quatorze passos para iniciarmos a atuação com a magia com as velas, são eles:

1. Não acender a vela sem que esteja com o propósito definido.
2. Crer profundamente No Poder Criador e vivenciar Sua Luz diariamente
3. Ser perseverante e não se abalar com o negativismo humano
4. Ser iniciado na espiritualidade com bases sólidas e fundamentos assentados.

5. Saber a relação da vela com os quatro elementos e ativá-los mentalmente.
6. Estar ativando a magia voltada para o lado magnético que corrobora com a tarefa.
7. Estar dentro da fase lunar correta que define a ação a ser executada.
8. Estar no dia correto unindo os influxos desejados.
9. Estar dentro do horário que vibrará e potenciará a determinação.
10. Evocar de preferência com voz alta para ativação de todos os padrões magnéticos.
11. Estar mentalmente dentro dos Hertz corretos, de Beta para Alfa, para tingir o Theta.
12. Utilizar da vela de preferência com a utilização da cor correta para a tarefa.
13. Respeitar os princípios das leis espirituais e sempre atuar na razão e bom senso.
14. Nunca realizar algo dentro das referências espirituais sem que a outra pessoa a ser beneficiada peça ou queira.

Estes passos devem sempre ser observados e seguidos para que a tarefa espiritual obtenha os resultados que propiciarão êxito, lembrando que tudo que realizamos em magia atrai ações benevolentes, e saibamos todos nós somos parte de algo muito maior que pensamos. Não acredito no acaso, creio que seres humanos se unem com grande propósito com tudo sendo proveniente da ação criadora. Como semeadores de luz e sabedores de nossas tarefas, conseguiremos sempre atender a nós mesmos e aos necessitados do auxílio desejado por tantas pessoas. Para os iniciados que são medianeiros, nos vários terreiros existentes, este manual propicia uma grande interpretação do que nossos guias sabem, embora aqui é apenas um pequeno apanhado diante da vastidão de explicações existentes e do conhecimento imensamente infindável de nossos guias.

Médium de Umbanda, ou de qualquer religião natural existente, aqui se encontre nestas escritas e valorize-se dentro do que se tornou, nunca pense que sabe tudo, aprenda todo dia, pois informações quando não são estudas e aplicadas diariamente, se perdem na existência.

Entrando nas frequências corretas e procurando ser um servidor da luz, é uma das ações mais interessantes que vejo para o iniciado, é sua conexão com o lado espiritual, com a Essência Divina. Para intensificarmos o que carregamos, atraindo e fundamentando forças, é fundamento ativarmos nosso altar, um ponto de luz e sagrado para que possamos estar em comunhão com o poder que nos protege. Por minha própria vivência e por razões de indicação dos mentores que me direcionam, sempre me foi dito sobre a valiosa importância de termos locais dentro do lar que afirmem nossas forças, um local para colocarmos nossas quartinhas. Ter um altar dentro do lar é muito mais do que um local onde estaremos rezando e pedindo, é uma fonte de vibrações que envolvem todo o perímetro de nosso lar, dando-nos condições de uma vida saudável e livre de ocorrências danosas.

Normalmente colocamos nossas firmezas em um local que seja exclusivo para esta finalidade, um cômodo do lar, ali nosso altar nos liga Ao Criador, a nossos Orixás, guias e protetores.

Os elementos de um altar definem o conceito ao qual o médium comunga, normalmente são: quartinhas, sendo de Oxalá, dos orixás que o regem diretamente, de seu anjo da guarda. O que vai dentro das quartinhas são fundamentos realizados e passados pelo seu dirigente espiritual (Ministro Religioso – Sacerdote – Babalorixá) que representa a força mais sagrada em um altar. Além destes importantes elementos, as imagens são bem comuns, pedras, conchas, búzios, espadas, vasos com ervas e flores, tudo com grande representatividade e normalmente são elementos cruzados em rituais específicos. Todas estas forças no altar são ativadas semanalmente pelo médium, onde reflete sua vibração e luz durante toda a semana com as velas. A vela é o grande poder de ligação, de evocação as forças divinas no propósito da vida do médium.

Normalmente o altar dentro do lar não serve como apoio e referência para atender as necessidades de pessoas que não fazem parte da família. O altar de um lar tem por finalidade atender o médium e sua família, digo que todo o religioso de umbanda tem como obrigação tê-lo. Sendo um local sagrado para ser visitado diariamente pelos familiares que ali se colocam em comunhão com o sagrado. A base da vida de todos está na família, sendo sagrada para todos e aos olhos de Deus quando possuímos esta postura teremos sempre a proteção Divina.

A vela de sete dias acesa para nosso pai Oxalá atrai a luz de proteção, entramos em contato com seres de Luz, movimentamos poderes que através de nossas orações e evocações conseguimos muitas coisas valiosas para nossa família. O sucesso, a paz, a serenidade ocorrerá sempre para aquele que se coloca à disposição para a espiritualidade, para aquele que clama e acima de tudo tem Fé.

O altar dentro de nosso lar com velas acesas é uma magia religiosa, para nós e para nossos filhos, podemos acender velas aos nossos Orixás e realizar nossos pedidos, em frente ao altar aonde se pode firmar um ponto para a atuação destas poderosas forças que desvencilharão de possíveis cargas, ou mesmo poderemos realizar pedidos. Nem sempre a disposição dos cômodos de uma casa, está em simetria com os pontos cardeais, ou pontos magnéticos. Quando cito ponto riscado, digo que podemos utilizar de uma pemba consagrada, abrir um círculo e ali acendermos as velas, no dia adequado, na direção magnética que facilitará o propósito, na lua que corresponde com ao trabalho e de preferência no horário próprio para a tarefa.

Exemplo de altar para ser colocado no lar. Encontramos as quartinhas, imagens, cristais, ervas e velas, que são normalmente utilizados em um altar.

Um altar ou Peji de um terreiro é diferente de que está firmado na casa do médium, dentro do espaço religioso existe a necessidade de forças assentadas que representem todos os Sagrados Orixás, com suas respectivas quartinhas onde o dirigente espiritual fundamentou através de sua doutrina.

Altar dentro da doutrina da Umbanda Cruz com seus fundamentos. Observam-se as quartinhas dos Orixás e vários elementos que representam forças ali assentadas que estão ligadas também aos assentamentos de chão do terreiro.

Dentro de um terreiro de umbanda os altares se assemelham muito, este tem a particularidade de ser representado com um formato piramidal, mostrando sua hierarquia na particularidade desta casa. Sempre representado com os Poderes Maiores Do Criador (Olorum, Tupã) sempre junto a Oxalá no lugar mais alto do peji.

Tudo iluminado por velas, onde são ativados poderes sagrados que dão sustentação magica a todos que ali se encontram e se alimentam destas forças divinizadas.

Muitos irmãos de umbanda possuem em sua casa uma tronqueira, local onde existe a fundamentação das forças de exu e pomba-gira, forças de proteção e de grande força dentro da magia religiosa. A utilização de velas é a base de ativação das forças que ali se encontram, unindo-se aos demais elementos que compõem o arsenal dentro deste ponto de força do terreiro. Este ponto de força que normalmente o religioso tem em vossa casa, está ligado às forças do altar, tudo forma um circuito de proteção e louvação do médium iniciado. A quartinha de barro, a utilização de cachaça (marafo), cigarros, charutos, pedras, terras, todos estes elementos consagrados à força de esquerda são ativados através de evocações realizadas dentro do rito de magia religiosa.

Utilizar dos símbolos de nossos exus para ativar uma vibração de proteção é licito para um médium que recebeu a orientação e os assentamentos de seu dirigente espiritual.

Ponto riscado dentro da simbologia tripolar. Esta magia religiosa deve ser ativada utilizando dos pontos magnéticos e na lua e hora ao qual potenciará o trabalho.

Para uso único e exclusivo ao iniciado, ou mesmo para proteção de seus familiares e de seu lar, a ativação da força de exu pode ser feita dentro de casa com um ponto de descarrego e firmeza.

A utilização de pemba vermelha, consagrada a esta finalidade de esquerda, fazer o círculo e riscar os símbolos tripolares seguindo os pontos cardeais principais.

Acender vela vermelha no caso de ativar as forças de vitalidade e desejo. Acender vela preta como elemento de descarrego, a vela branca é utilizada para ligar a força exu ao comando do Orixá desta entidade.

> Evoco, com a licença do Criador e do Orixá que me rege, as forças de exu (citar o nome da entidade) e peço caminhos abertos, que sejam diluídas forças que não me pertencem, que meu lar e minha família seja amparados e protegido com vossa força.

A evocação pode embora parecer simples, ela abre portais e através das determinações que podem ser incluídas, com absoluta certeza a força de exu se fará presente. A manipulação destas forças sempre deve ser direcionada a características positivadas, jamais se pede coisas que não estejam dentro da Lei Maior.

Entendamos que a magia com as velas, compreendida através das referências apontadas neste manual, nos dá condições enumeras, apontando que a tarefa dentro da espiritualidade só se limita a nós mesmos. Quando interpretamos adequadamente o que foi passado, logo se entende que todos os trabalhos devem ter momento e magnetismos simbióticos entre si, que determinarão um potencial de atingirmos nossos objetivos evocados. As frequências existem, estas por sua vez fluem a partir primeiro das condições iniciais determinadas pelos astros, onde adentramos no tempo adequado, depois na ordem com os elementos e o iniciado com seu mental em Alfa para iniciar o contato com os poderes divinos.

Foram passadas referências que digo como iniciais dentro do trabalho, reverenciamos as forças de nosso altar e de nossa tronqueira, que foram devidamente assentadas com o auxílio de um religioso que atingiu seu grau como dirigente, ou sacerdote.

Será passada agora uma sequência de atuações de magia religiosa de maneira genérica, mas pode ser adaptado de acordo com a necessidade, ou mesmo serem ativadas em seus respectivos espaços mágicas de acordo com a intuição do iniciado.

Foi colocado como exemplo um ponto riscado onde o medianeiro pode ativar suas forças, mas a delimitação de um espaço para ativar magia religiosa pode ser com círculos de velas, utilizando da quantidade de velas conforme explanado sobre números e a ligação planetária. Ou pode ser feito este mesmo círculo, com números de velas intuídas, este espaço de trabalho de magia com as velas se diferencia, não tendo o elemento pemba o trabalho mesmo delimitado com o círculo de velas, está aberto no espaço do trabalho. Isto ocorre quando a tarefa está ligada nas vibrações dos ecos, onde quem determina a sustentação é a firmeza do assentamento do medianeiro, ou se for dentro de um espaço religioso, este trabalho está sustentado pelos assentamentos do templo.

Quando criamos o círculo com pemba, limitamos e potencializamos uma ação, quando aberto em um espaço sem a pemba, abrangemos sem a delimitação e potencialização dentro de uma vibração ou pedido exclusivo.

Na areia da praia, ou mesmo na terra, pode-se ser feito círculos com uso de punhal, por um cajado ou ainda uma bengala. Estes elementos consagrados a uma entidade, ela por sua vez está imprimindo suas vibrações únicas e exclusivas em sua força, chamado também por muitos de mistério.

Espaços criados de magia religiosa podem ser inúmeros, existem ainda espaços onde os exus, ou alguns guias de direita, fazem suas delimitações de espaço com círculos de pólvora (fundanga), cachaça ou na utilização de elementos minerais, ou animais como chifres e dentes.

Os trabalhos podem ser ativados com estes elementos citados, todos serão portais abertos para diversas realidades, dando condições de atuação espiritual grandiosa ao iniciado que se beneficiará e ainda, podendo ajudar alguém, desde que esteja em espaço religioso adequado em caso de pessoas estarem sofrendo ataques demandatórios.

O uso das velas nas vibrações dos Orixás

Todos os trabalhos que serão executados são necessários que tomem seu banho de ervas, meditem antes que se entre na vibração do trabalho. Ative em sua tronqueira a vela de seu exu, não se esquecendo de colocar água para que ele te de caminhos, o marafo para atrair força, os cigarros e charutos para eliminar cargas e larvas astrais, evocar como já mencionado ativando a magia de exu. Ative em seu altar a vela de seus orixás regentes, de seu anjo protetor, faça suas evocações, revestindo-se de proteção, entrando no estado mental correto, onde as ondas fluem positivamente. Só assim realize a tarefa espiritual de magia religiosa, seja para você, sua família ou alguém que necessite de auxílio. Será apontado o dia do Orixá e os horários de maior fluxo de energias, este procedimento não quer dizer que em um momento de necessidade o médium não pode abrir a magia religiosa, a maneira apontada vem para mostrar em uma linha de conhecimento que existe o tempo do Orixá onde o poder flui com intensidade. Tudo é em nível de conhecimento sobre a força Orixá, tendo em mente os dias, sejam eles planetários, ou dentro da tradição, são valiosos inclusive para indicar a um assistido que deseje ativar a magia em sua casa sobre a orientação do iniciado. Foi citado que para ativar as forças dentro da magia com as velas existem passos a serem seguidos e posturas necessárias para que o iniciado esteja dentro dos padrões adequados para a tarefa.

Não observem o que está no manual como receitas para se criar facilidades, aqui está à verdadeira abertura de conhecimentos que podem mudar realidades, porém, apontando a necessidade de entendimento, conhecimento para atingir a sabedoria.

Ser religioso é estar em outro patamar em meio ao caos da humanidade, é agir com inteligência e não se deixar influenciar pelo meio negativado, ou por problemas que normalmente aparecem em nossa existência, temos que observar sempre como aprendizados que nos chegam, e com as ferramentas corretas, alcançaremos maneiras de mudar o que está ruim em ações e coisas boas.

Hora Planetária dos Orixás, ver tabela na página 58.

Magia com as velas na vibração de Pai Oxalá

Planeta – Sol

Dia da semana planetário – Domingo

Dia da semana na tradição – Sexta-Feira

Oxalá rege horários distintos no decorrer da semana dentro do conhecimento sobre os influxos dos astros.

Os horários de maior força do Orixá Oxalá na semana:

Domingo: 1h até às 1h59min; 8h às 8h59min; 15h às 15h59min; 22h às 22h59min

Segunda-feira: 5h às 5h59min; 12h às 12h59min; 19h às 19h59min
Terça-feira: 2h às 2h59min; 9h às 9h59min; 16h às 16h59min; 23h às 23h59min
Quarta-feira: 6h às 6h59min; 13h às 13h59min; 20h às 20h59min
Quinta-feira: 3h às 3h59min; 10h às 10h59min; 17h às 17h59min
Sexta-feira: 14h às 14h59min; 21h às 21h59min
Sábado: 4h às 4h59min

Embora o grande influxo de força de Oxalá seja nas vibrações planetárias no Domingo, todos os dias existem horários específicos onde a força deste Orixá tem a sua regência.

Para atrair vibrações de proteção dentro da força de Oxalá peguemos sete velas brancas, criemos um círculo com a pemba, tracemos duas linhas cruzando o círculo representando os pontos cardeais, verifique qual ponto cardeal está em sintonia com o propósito a ser ativado a magia. O dia, o horário, a lua, a direção magnética deve ser escolhida de acordo com a necessidade do iniciado. Não existe nenhuma magia pronta, tudo segue os influxos dos poderes existentes unindo a particularidade espiritual do iniciado, sua intenção e intuição. O mesmo se dá neste caso as evocações, que devem conter a mesma particularidade do médium (iniciado) e esta evocação segue com palavras e dizeres dentro dos propósitos almejados. Outros elementos podem estar dentro do espaço mágico, como ervas, pedras, incensos, bem como nomes escritos com grafite com os nomes das pessoas a serem beneficiadas! O orixá Oxalá é representado com duas linhas vibracionais que estão ligadas a teia astral formando uma cruz, rege a fé e a luz no caminho, este símbolo sagrado pode ser inserido no espaço mágico.

Magia com as velas na vibração de Pai Xangô

Planeta – Mercúrio

Dia da semana planetário – Quarta-feira

Dia da semana na tradição – Quarta-feira

Xangô rege horários distintos no decorrer da semana dentro do conhecimento sobre os influxos dos astros.

Os horários de maior força do Orixá Xangô na semana:

Domingo: 3h às 3h59min; 10h às 10h59min; 17h às 17h59min; 0h as 0h59min

Segunda-feira: 7h às 7h59min; 14h às 14h59min; 21h às 21h59min

Terça-feira: 4h às 4h59min; 11h às 11h59min; 18h às 18h59min

Quarta-feira: 1h às 1h59min; 8h às 8h59min; 15h às 15h59min; 22h às 22h59min

Quinta-feira: 5h às 5h59min; 12h às 12h59min; 19h às 19h59min

Sexta-feira: 2h às 2h59min; 9h às 9h59min; 16h às 16h59min; 23h às 23h59min

Sábado: 6h às 6h59min; 13h às 13h59min; 20h às 20h59min

Embora o grande influxo de força de Xangô seja nas vibrações planetárias na Quarta-feira, todos os dias existem horários específicos onde a força deste Orixá tem a sua regência.

Para atrair vibrações de proteção dentro da força de Xangô peguemos sete velas Marrons, criemos um círculo com a pemba, tracemos duas linhas cruzando o círculo representando os pontos cardeais, verifique qual ponto cardeal está em sintonia com o propósito a ser ativado a magia. O dia, o horário, a lua, a direção magnética deve ser escolhida de acordo com a necessidade do iniciado. Não existe nenhuma magia pronta, tudo segue os influxos dos poderes existentes unindo a particularidade espiritual do iniciado, sua intenção e intuição. O mesmo se dá neste caso as evocações, que devem conter a mesma particularidade do médium (iniciado) e esta evocação segue com palavras e dizeres dentro dos propósitos almejados. Outros elementos podem estar dentro do espaço mágico, como ervas, pedras, incensos, bem como nomes escritos com grafite com os nomes das pessoas a serem beneficiadas!

O traçado do símbolo do Orixá Xangô forma um machado que representa a justiça, assim como a estrela de seis pontas, rege o equilíbrio, ambos os traçados são signos ligados a grande teia astral e podem ser colocados no espaço de magia religiosa.

Magia com as velas na vibração de Mãe Oxum

Planeta – Vênus
Dia da semana planetário – Sexta-feira
Dia da semana na tradição – Sábado
Oxum rege horários distintos no decorrer da semana dentro do conhecimento sobre os influxos dos astros.

Os horários de maior força do Orixá Oxum na semana:

Domingo: 2h às 2h59min; 9h às 9h59min; 11h às 11h59min; 16h às 16h59min
Segunda-feira: 6h às 6h59min; 13h às 13h59min; 20h às 20h59min
Terça-feira: 3h às 3h59min; 10h às 10h59min; 17h às 17h59min; 0h às 0h59min
Quarta-feira: 7h às 7h59min; 14h às 14h59min; 21h às 21h59min
Quinta-feira: 4h às 4h59min; 11h às 11h59min; 18h às 18h59min
Sexta-feira: 1h às 1h59min; 8h às 8h59min; 15h às 15h59min; 22h às 22h59min
Sábado: 5h às 5h59min; 12h às 12h59min; 19h às 19h59min

Embora o grande influxo de força de Oxum seja nas vibrações planetárias na Sexta-feira, todos os dias existem horários específicos onde a força deste Orixá tem sua regência.

Para atrair vibrações de proteção dentro da força de Oxum peguemos sete velas rosa ou amarela, criemos um círculo com a pemba, tracemos duas linhas cruzando o círculo representando os pontos cardeais, verifique qual ponto cardeal está em sintonia com o propósito a ser ativado a magia. O dia, o horário, a lua, a direção magnética deve ser escolhida de acordo com a necessidade do iniciado. Não existe nenhuma magia pronta, tudo segue os influxos dos poderes existentes unindo a particularidade espiritual do iniciado, sua intenção e intuição. O mesmo se dá neste caso as evocações, que devem conter a mesma particularidade do médium (iniciado) e esta evocação segue com palavras e dizeres dentro dos propósitos almejados. Outros elementos podem estar dentro do espaço mágico, como ervas, pedras, incensos, bem como nomes escritos com grafite com os nomes das pessoas a serem beneficiadas! Oxum Orixá da concepção, do amor, da fertilidade, rege as águas da cachoeira e o conceber, tem como um dos símbolos dentro da religião a lua crescente, ou uma onda que se parece com o coração, sendo signos que podem ser utilizados do ponto riscado.

Magia com as velas na vibração de Pai Ogum

Planeta – Marte

Dia da semana planetário – Terça-feira

Dia da semana na tradição – Terça-feira

Ogum rege horários distintos no decorrer da semana dentro do conhecimento sobre os influxos dos astros.

Os horários de maior força do Orixá Ogum na semana:

Domingo: 7h às 7h59min; 14h às 14h59min; 21h às 21h59min
Segunda-feira: 4h às 4h59min; 11h às 11h59min; 18h às 18h59min
Terça-feira: 1h às 1h59min; 8h às 8h59min; 15h às 15h59min; 22h às 22h59min
Quarta-feira: 5h às 5h59min; 12h às 12h59min; 19h às 19h59min
Quinta-feira: 2h às 2h59min; 9h às 9h59min; 16h às 16h59min; 23h às 23h59min
Sexta-feira: 6h às 6h59min; 13h às 13h59min; 20h às 20h59min
Sábado: 3h às 3h59min; 10h às 10h59min; 17h às 17h59min; 0h às 0h59min

Embora o grande influxo de força de Ogum seja nas vibrações planetárias na Terça-feira, todos os dias existem horários específicos onde a força deste Orixá tem sua regência.

Para atrair vibrações de proteção dentro da força de Ogum peguemos sete velas vermelhas ou azuis escuro, criemos um círculo com a pemba, tracemos duas linhas cruzando o círculo representando os pontos cardeais, verifique qual ponto cardeal está em sintonia com o propósito a ser ativado a magia. O dia, o horário, a lua, a direção magnética deve ser escolhida de acordo com a necessidade do iniciado. Não existe nenhuma magia pronta, tudo segue os influxos dos poderes existentes unindo a particularidade espiritual do iniciado, sua intenção e intuição. O mesmo se dá neste caso as evocações, que devem conter a mesma particularidade do médium (iniciado) e esta evocação segue com palavras e dizeres dentro dos propósitos almejados. Outros elementos podem estar dentro do espaço mágico, como ervas, pedras, incensos, bem como nomes escritos com grafite com os nomes das pessoas a serem beneficiadas! Ogum Orixá da Lei, da organização do caos, rege as estradas e a organização, as encruzas e tem como um dos símbolos dentro da religião a estrela de cinco pontas, a espada, sendo signos que podem ser utilizados no ponto riscado, entre outros.

Magia com as velas na vibração de Mãe Iemanjá

Planeta – Lua
Dia da semana planetário – Segunda-feira
Dia da semana na tradição – Sábado
Iemanjá rege horários distintos no decorrer da semana dentro do conhecimento sobre os influxos dos astros.

Os horários de maior força do Orixá Iemanjá na semana:

Domingo: 4h às 4h59min; 11h às 11h59min; 18h às 18h59min
Segunda-feira: 1h às 1h59min; 8h às 8h59min; 15h às 15h59min; 22h às 22h59min
Terça-feira: 5h às 5h59min; 12h às 12h59min; 19h às 19h59min
Quarta-feira: 2h às 2h59min; 9h às 9h59min; 16h às 16h59min; 23h às 23h59min
Quinta-feira: 6h às 6h59min; 13h às 13h59min; 20h às 20h59min
Sexta-feira: 3h às 3h59min; 10h às 10h59min; 17h às 17h59min; 0h às 0h59min
Sábado: 7h às 7h59min; 14h às 14h59min; 21h às 21h59min

Embora o grande influxo de força de Iemanjá seja nas vibrações planetárias na Segunda-feira, todos os dias existem horários específicos onde a força deste Orixá tem sua regência.

Para atrair vibrações de proteção dentro da força de Iemanjá peguemos sete velas azul claro, criemos um círculo com a pemba, tracemos duas linhas cruzando o círculo representando os pontos cardeais, verifique qual ponto cardeal está em sintonia com o propósito a ser ativado a magia. O dia, o horário, a lua, a direção magnética deve ser escolhida de acordo com a necessidade do iniciado. Não existe nenhuma magia pronta, tudo segue os influxos dos poderes existentes unindo a particularidade espiritual do iniciado, sua intenção e intuição. O mesmo se dá neste caso as evocações, que devem conter a mesma particularidade do médium (iniciado) e esta evocação segue com palavras e dizeres dentro dos propósitos almejados. Outros elementos podem estar dentro do espaço mágico, como ervas, pedras, incensos, bem como nomes escritos com grafite com os nomes das pessoas a serem beneficiadas! Iemanjá Orixá da vida, a grande mãe, rege as águas do mar e o nascimento, tem como um dos símbolos dentro da religião a estrela de cinco pontas, a lua, vibrações onduladas, sendo signos que podem ser utilizados no ponto riscado, entre outros.

Magia com as velas na vibração de Pai Oxóssi

Planeta – Júpiter
Dia da semana planetário – Quinta-feira
Dia da semana na tradição – Quinta-feira
Oxóssi rege horários distintos no decorrer da semana dentro do conhecimento sobre os influxos dos astros.

Os horários de maior força do Orixá Oxóssi na semana:

Domingo: 6h às 6h59min; 13h às 13h59min; 20h às 20h59min
Segunda-feira: 3h às 3h59min; 10h às 10h59min; 17h às 17h59min; 0h às 0h59min
Terça-feira: 7h às 7h59min; 14h às 14h59min; 21h às 21h59min
Quarta-feira: 4h às 4h59min; 11h às 11h59min; 18h às 18h59min
Quinta-feira: 1h às 1h59min; 8h às 8h59min; 15h às 15h59min; 22h às 22h59min

Sexta-feira: 5h às 5h59min; 12h às 12h59min; 19h às 19h59min
Sábado: 2h às 2h59min; 9h às 9h59min; 16h às 16h59min; 23h às 23h59min

Embora o grande influxo de força de Oxóssi seja nas vibrações planetárias na Quinta-feira, todos os dias existem horários específicos onde a força deste Orixá tem sua regência.

Para atrair vibrações de proteção dentro da força de Oxóssi peguemos sete velas verdes, criemos um círculo com a pemba, tracemos duas linhas cruzando o círculo representando os pontos cardeais, verifique qual ponto cardeal está em sintonia com o propósito a ser ativado a magia. O dia, o horário, a lua, a direção magnética deve ser escolhida de acordo com a necessidade do iniciado. Não existe nenhuma magia pronta, tudo segue os influxos dos poderes existentes unindo a particularidade espiritual do iniciado, sua intenção e intuição. O mesmo se dá neste caso as evocações, que devem conter a mesma particularidade do médium (iniciado) e esta evocação segue com palavras e dizeres dentro dos propósitos almejados. Outros elementos podem estar dentro do espaço mágico, como ervas, pedras, incensos, bem como nomes escritos com grafite com os nomes das pessoas a serem beneficiadas! Oxóssi Orixá da fartura, pai das matas, rege os caminhos, tem como um dos símbolos dentro da religião a flecha representando a expansão, a estrela de cinco pontas, a lua crescente e minguante, vibrações retas e curvas, sendo signos que podem ser utilizados no ponto riscado, entre outros.

Magia com as velas na vibração de Mãe Iansã

Planeta – Mercúrio
Dia da semana planetário – Quarta-feira

Dia da semana na tradição – Quarta-feira
Iansã rege horários distintos no decorrer da semana dentro do conhecimento sobre os influxos dos astros.

Os horários de maior força do Orixá Iansã na semana:
Domingo: 3h às 3h59min; 10h às 10h59min; 17h às 17h59min; 0h as 0h59min
Segunda-feira: 7h às 7h59min; 14h às 14h59min; 21h às 21h59min
Terça-feira: 4h às 4h59min; 11h às 11h59min; 18h às 18h59min
Quarta-feira: 1h às 1h59min; 8h às 8h59min; 15h às 15h59min; 22h às 22h59min
Quinta-feira: 5h às 5h59min; 12h às 12h59min; 19h às 19h59min
Sexta-feira: 2h às 2h59min; 9h às 9h59min; 16h às 16h59min; 23h às 23h59min
Sábado: 6h às 6h59min; 13h às 13h59min; 20h às 20h59min

Embora o grande influxo de força de Iansã seja nas vibrações planetárias na Quarta-feira, todos os dias existem horários específicos onde a força deste Orixá tem a sua regência.

Para atrair vibrações de proteção dentro da força de Iansã peguemos sete velas cor de laranja ou vermelhas, criemos um círculo com a pemba, tracemos duas linhas cruzando o círculo representando os pontos cardeais, verifique qual ponto cardeal está em sintonia com o propósito a ser ativado a magia. O dia, o horário, a lua, a direção magnética deve ser escolhida de acordo com a necessidade do iniciado. Não existe nenhuma magia pronta, tudo segue os influxos dos poderes existentes unindo a particularidade espiritual do iniciado, sua intenção e intuição. O mesmo se dá neste caso as evocações, que devem conter a mesma particularidade do médium (iniciado) e esta evocação segue com palavras e dizeres dentro dos propósitos almejados.

Outros elementos podem estar dentro do espaço mágico, como ervas, pedras, incensos, bem como nomes escritos com grafite com os nomes das pessoas a serem beneficiadas!

O traçado do símbolo do Orixá Iansã forma um raio que representa a lei, assim como a estrela de cinco pontas, rege a ordem, ambos os traçados são signos ligados a grande teia astral e podem ser colocados no espaço de magia religiosa, entre outros.

Magia com as velas na vibração de Pai Obaluaê

Planeta – Saturno
Dia da semana planetário – Sábado
Dia da semana na tradição – Segunda-feira
Obaluaê rege horários distintos no decorrer da semana dentro do conhecimento sobre os influxos dos astros.

Os horários de maior força do Orixá Obaluaê na semana:

Domingo: 5h às 5h59min; 12h às 12h59min; 19h às 19h59min
Segunda-feira: 2h às 2h59min; 9h às 9h59min; 16h às 16h59min; 23h às 23h59min
Terça-feira: 6h às 6h59min; 13h às 13h59min; 20h às 20h59min
Quarta-feira: 3h às 3h59min; 10h às 10h59min; 17h às 17h59min; 0h às 0h59min
Quinta-feira: 7h às 7h59min; 14h às 14h59min; 21h às 21h59min
Sexta-feira: 4h às 4h59min; 11h às 11h59min; 18h às 18h59min
Sábado: 1h às 1h59min; 8h às 8h59min; 15h às 15h59min; 22h às 22h59min

Embora o grande influxo de força de Obaluaê seja nas vibrações planetárias no Sábado, todos os dias existem horários específicos onde à força deste Orixá tem a sua regência.

Para atrair vibrações de proteção dentro da força de Obaluaê peguemos sete velas brancas, criemos um círculo com a pemba, tracemos duas linhas cruzando o círculo representando os pontos cardeais, verifique qual ponto cardeal está em sintonia com o propósito a ser ativado a magia. O dia, o horário, a lua, a direção magnética deve ser escolhida de acordo com a necessidade do iniciado. Não existe nenhuma magia pronta, tudo segue os influxos dos poderes existentes unindo a particularidade espiritual do iniciado, sua intenção e intuição. O mesmo se dá neste caso as evocações, que devem conter a mesma particularidade do médium (iniciado) e esta evocação segue com palavras e dizeres dentro dos propósitos almejados. Outros elementos podem estar dentro do espaço mágico, como ervas, pedras, incensos, bem como nomes escritos com grafite com os nomes das pessoas a serem beneficiadas!

O traçado do símbolo do Orixá Obaluaê forma uma cruz que representa a elevação e a passagem, assim como a estrela de seis pontas, rege a verdade, ambos os traçados são signos ligados a grande teia astral e podem ser colocados no espaço de magia religiosa, entre outros.

Magia com as velas na vibração de Pai Omulú

Planeta – Saturno
Dia da semana planetário – Sábado
Dia da semana na tradição – Segunda-feira
Omulú rege horários distintos no decorrer da semana dentro do conhecimento sobre os influxos dos astros.

Os horários de maior força do Orixá Omulú na semana:

Domingo: 5h às 5h59min; 12h às 12h59min; 19h às 19h59min
Segunda-feira: 2h às 2h59min; 9h às 9h59min; 16h às 16h59min; 23h às 23h59min

Terça-feira: 6h às 6h59min; 13h às 13h59min; 20h às 20h59min
Quarta-feira: 3h às 3h59min; 10h às 10h59min; 17h às 17h59min; 0h às 0h59min
Quinta-feira: 7h às 7h59min; 14h às 14h59min; 21h às 21h59min
Sexta-feira: 4h às 4h59min; 11h às 11h59min; 18h às 18h59min
Sábado: 1h às 1h59min; 8h às 8h59min; 15h às 15h59min; 22h às 22h59min

Embora o grande influxo de força de Omulú seja nas vibrações planetárias no Sábado, todos os dias existem horários específicos onde a força deste Orixá tem a sua regência.

Para atrair vibrações de proteção dentro da força de Omulú peguemos sete velas metade branca e metade preta, criemos um círculo com a pemba, tracemos duas linhas cruzando o círculo representando os pontos cardeais, verifique qual ponto cardeal está em sintonia com o propósito a ser ativado a magia. O dia, o horário, a lua, a direção magnética deve ser escolhida de acordo com a necessidade do iniciado. Não existe nenhuma magia pronta, tudo segue os influxos dos poderes existentes unindo a particularidade espiritual do iniciado, sua intenção e intuição. O mesmo se dá neste caso as evocações, que devem conter a mesma particularidade do médium (iniciado) e esta evocação segue com palavras e dizeres dentro dos propósitos almejados. Outros elementos podem estar dentro do espaço mágico, como ervas, pedras, incensos, bem como nomes escritos com grafite com os nomes das pessoas a serem beneficiadas!

O traçado do símbolo do Orixá Omulú forma uma cruz que representa o desligamento do material e a cura, assim como lua minguante e crescente, rege a firmeza, estes traçados são signos ligados a grande teia astral e podem ser colocados no espaço de magia religiosa, entre outros.

Magia com as velas na vibração de Mãe Nanã

Planeta – Lua
Dia da semana planetário – Segunda-feira
Dia da semana na tradição – Domingo
Nanã rege horários distintos no decorrer da semana dentro do conhecimento sobre os influxos dos astros.

Os horários de maior força do Orixá Nanã na semana:

Domingo: 4h às 4h59min; 11h às 11h59min; 18h às 18h59min
Segunda-feira: 1h às 1h59min; 8h às 8h59min; 15h às 15h59min; 22h às 22h59min
Terça-feira: 5h às 5h59min; 12h às 12h59min; 19h às 19h59min
Quarta-feira: 2h às 2h59min; 9h às 9h59min; 16h às 16h59min; 23h às 23h59min
Quinta-feira: 6h às 6h59min; 13h às 13h59min; 20h às 20h59min
Sexta-feira: 3h às 3h59min; 10h às 10h59min; 17h às 17h59min; 0h às 0h59min
Sábado: 7h às 7h59min; 14h às 14h59min; 21h às 21h59min

Embora o grande influxo de força de Nanã seja nas vibrações planetárias na Segunda-feira, todos os dias existem horários específicos onde a força deste Orixá tem sua regência.

Para atrair vibrações de proteção dentro da força de Nanã peguemos sete velas Lilás ou brancas, criemos um círculo com a pemba, tracemos duas linhas cruzando o círculo representando os pontos cardeais, verifique qual ponto cardeal está em sintonia com o propósito a ser ativado a magia. O dia, o horário, a lua, a direção magnética deve ser escolhida de acordo com a necessidade do iniciado. Não existe nenhuma magia pronta, tudo segue os influxos dos poderes existentes unindo a particularidade espiritual do iniciado, sua intenção e intuição. O mesmo se dá neste caso as evocações, que devem conter a mesma particularidade do médium (iniciado) e esta evocação segue com palavras e dizeres dentro dos propósitos almejados. Outros elementos podem estar dentro do espaço mágico, como ervas, pedras, incensos, bem como nomes escritos com grafite com os nomes das pessoas a serem beneficiadas! Nanã Orixá da sabedoria, a grande avó dos orixás, rege a beira dos lagos, rios e água doce. Tem como um dos símbolos dentro da religião as luas crescente e cheia, suas vibrações são retas e curvas, muitas vezes seu símbolo é um círculo com apenas um traço na horizontal demostrando a sabedoria eterna. Estes signos podem ser utilizados no ponto riscado, entre outros dependendo do trabalho a ser executado, se este estiver dentro do horário de outra força orixá, unem-se os simbolismos.

Magia com as velas na vibração de Pai Ossaim

Planeta – Júpiter

Dia da semana planetário – Quinta-feira

Dia da semana na tradição – Quinta-feira

Ossaim rege horários distintos no decorrer da semana dentro do conhecimento sobre os influxos dos astros.

Os horários de maior força do Orixá Ossaim na semana:

Domingo: 6h às 6h59min; 13h às 13h59min; 20h às 20h59min

Segunda-feira: 3h às 3h59min; 10h às 10h59min; 17h às 17h59min; 0h às 0h59min

Terça-feira: 7h às 7h59min; 14h às 14h59min; 21h às 21h59min

Quarta-feira: 4h às 4h59min; 11h às 11h59min; 18h às 18h59min

Quinta-feira: 1h às 1h59min; 8h às 8h59min; 15h às 15h59min; 22h às 22h59min

Sexta-feira: 5h às 5h59min; 12h às 12h59min; 19h às 19h59min
Sábado: 2h às 2h59min; 9h às 9h59min; 16h às 16h59min; 23h às 23h59min

Embora o grande influxo de força de Ossaim seja nas vibrações planetárias na Quinta-feira, todos os dias existem horários específicos onde a força deste Orixá tem sua regência.

Para atrair vibrações de proteção dentro da força de Ossaim peguemos sete velas verdes escuras, criemos um círculo com a pemba, tracemos duas linhas cruzando o círculo representando os pontos cardeais, verifique qual ponto cardeal está em sintonia com o propósito a ser ativado a magia. O dia, o horário, a lua, a direção magnética deve ser escolhida de acordo com a necessidade do iniciado. Não existe nenhuma magia pronta, tudo segue os influxos dos poderes existentes unindo a particularidade espiritual do iniciado, sua intenção e intuição. O mesmo se dá neste caso as evocações, que devem conter a mesma particularidade do médium (iniciado) e esta evocação segue com palavras e dizeres dentro dos propósitos almejados. Outros elementos podem estar dentro do espaço mágico, como ervas, pedras, incensos, bem como nomes escritos com grafite com os nomes das pessoas a serem beneficiadas! Ossaim Orixá da cura e do fundamento, pai das folhas, rege as matas, tem como um dos símbolos dentro da religião as ervas representando as matas e todos os fundamentos, suas vibrações são retas e curvas, sendo signos que podem ser utilizados no ponto riscado sempre com ervas dentro.

Magia com as velas na vibração de Pai Logunedé

Planeta – Júpiter
Dia da semana planetário – Quinta-feira

Dia da semana na tradição – Quinta-feira
Logunedé rege horários distintos no decorrer da semana dentro do conhecimento sobre os influxos dos astros.

Os horários de maior força do Orixá Logunedé na semana:

Domingo: 6h às 6h59min; 13h às 13h59min; 20h às 20h59min
Segunda-feira: 3h às 3h59min; 10h às 10h59min; 17h às 17h59min; 0h às 0h59min
Terça-feira: 7h às 7h59min; 14h às 14h59min; 21h às 21h59min
Quarta-feira: 4h às 4h59min; 11h às 11h59min; 18h às 18h59min
Quinta-feira: 1h às 1h59min; 8h às 8h59min; 15h às 15h59min; 22h às 22h59min
Sexta-feira: 5h às 5h59min; 12h às 12h59min; 19h às 19h59min
Sábado: 2h às 2h59min; 9h às 9h59min; 16h às 16h59min; 23h às 23h59min

Embora o grande influxo de força de Logunedé seja nas vibrações planetárias na Quinta-feira, todos os dias existem horários específicos onde a força deste Orixá tem sua regência.

Para atrair vibrações de proteção dentro da força de Logunedé peguemos sete velas azuis escuras e sete velas amarelas, criemos um círculo com a pemba, tracemos duas linhas cruzando o círculo representando os pontos cardeais, verifique qual ponto cardeal está em sintonia com o propósito a ser ativado a magia. O dia, o horário, a lua, a direção magnética deve ser escolhida de acordo com a necessidade do iniciado. Não existe nenhuma magia pronta, tudo segue os influxos dos poderes existentes unindo a particularidade espiritual do iniciado, sua intenção e intuição. O mesmo se dá neste caso as evocações, que devem conter a mesma particularidade do médium (iniciado) e esta evocação segue com palavras e dizeres dentro dos propósitos almejados. Outros elementos podem estar dentro do espaço mágico, como ervas, pedras, incensos, bem como nomes escritos com grafite com os nomes das pessoas a serem beneficiadas! Logunedé Orixá da riqueza, da pureza e da expansão, rege a beleza e a perfeição, tem como um dos símbolos dentro da religião a flecha representando a expansão, a estrela de seis pontas, a lua cheia, suas vibrações são espiraladas, sendo signos que podem ser utilizados no ponto riscado, entre outros.

Magia com as velas na vibração de Pai Oxumaré

Planeta – Lua
Dia da semana planetário – Segunda-feira
Dia da semana na tradição – Terça-feira
Oxumaré rege horários distintos no decorrer da semana dentro do conhecimento sobre os influxos dos astros.

Os horários de maior força do Orixá Oxumaré na semana:

Domingo: 4h às 4h59min; 11h às 11h59min; 18h às 18h59min
Segunda-feira: 1h às 1h59min; 8h às 8h59min; 15h às 15h59min; 22h às 22h59min
Terça-feira: 5h às 5h59min; 12h às 12h59min; 19h às 19h59min
Quarta-feira: 2h às 2h59min; 9h às 9h59min; 16h às 16h59min; 23h às 23h59min
Quinta-feira: 6h às 6h59min; 13h às 13h59min; 20h às 20h59min
Sexta-feira: 3h às 3h59min; 10h às 10h59min; 17h às 17h59min; 0h às 0h59min
Sábado: 7h às 7h59min; 14h às 14h59min; 21h às 21h59min

Embora o grande influxo de força de Oxumaré seja nas vibrações planetárias na Segunda-feira, todos os dias existem horários específicos onde a força deste Orixá tem sua regência.

Para atrair vibrações de proteção dentro da força de Oxumaré peguemos sete cores, sendo uma de cada, azul, verde, amarela, vermelha, branca, marrom, lilás, criemos um círculo com a pemba, tracemos duas linhas cruzando o círculo representando os pontos cardeais, verifique qual ponto cardeal está em sintonia com o propósito a ser ativado a magia. O dia, o horário, a lua, a direção magnética deve ser escolhida de acordo com a necessidade do iniciado. Não existe nenhuma magia pronta, tudo segue os influxos dos poderes existentes unindo a particularidade espiritual do iniciado, sua intenção e intuição. O mesmo se dá neste caso as evocações, que devem conter a mesma particularidade do médium (iniciado) e esta evocação segue com palavras e dizeres dentro dos propósitos almejados. Outros elementos podem estar dentro do espaço mágico, como ervas, pedras, incensos, bem como nomes escritos com grafite com os nomes das pessoas a serem beneficiadas! Oxumaré Orixá da multiplicidade, da compaixão e fartura, o grande rei entre os orixás, rege a beira dos lagos, rios, matas e água doce. Tem como um dos símbolos dentro da religião a serpente, vibra em todas as fases lunares, suas vibrações são retas e curvas. Estes signos podem ser utilizados no ponto riscado, entre outros dependendo do trabalho a ser executado, se este estiver dentro do horário de outra força orixá, unem-se os simbolismos.

Magia com as velas na vibração de Mãe Obá

Planeta – Mercúrio

Dia da semana planetário – Quarta-feira

Dia da semana na tradição – Quarta-feira

Obá rege horários distintos no decorrer da semana dentro do conhecimento sobre os influxos dos astros.

Os horários de maior força do Orixá Obá na semana:

Domingo: 3h às 3h59min; 10h às 10h59min; 17h às 17h59min; 0h as 0h59min
Segunda-feira: 7h às 7h59min; 14h às 14h59min; 21h às 21h59min
Terça-feira: 4h às 4h59min; 11h às 11h59min; 18h às 18h59min
Quarta-feira: 1h às 1h59min; 8h às 8h59min; 15h às 15h59min; 22h às 22h59min
Quinta-feira: 5h às 5h59min; 12h às 12h59min; 19h às 19h59min
Sexta-feira: 2h às 2h59min; 9h às 9h59min; 16h às 16h59min; 23h às 23h59min
Sábado: 6h às 6h59min; 13h às 13h59min; 20h às 20h59min

Embora o grande influxo de força de Obá seja nas vibrações planetárias na Quarta feira, todos os dias existem horários específicos onde a força deste Orixá tem a sua regência.

Para atrair vibrações de proteção dentro da força de Obá peguemos sete velas cor de verdes ou vermelhas, criemos um círculo com a pemba, tracemos duas linhas cruzando o círculo representando os pontos cardeais, verifique qual ponto cardeal está em sintonia com o propósito a ser ativado a magia. O dia, o horário, a lua, a direção magnética deve ser escolhida de acordo com a necessidade do iniciado. Não existe nenhuma magia pronta, tudo segue os influxos dos poderes existentes unindo a particularidade espiritual do iniciado, sua intenção e intuição. O mesmo se dá neste caso as evocações, que devem conter a mesma particularidade do médium (iniciado) e esta evocação segue com palavras e dizeres dentro dos propósitos almejados. Outros elementos podem estar dentro do espaço mágico, como ervas, pedras, incensos, bem como nomes escritos com grafite com os nomes das pessoas a serem beneficiadas!

Obá é o Orixá das águas revoltas, afasta a negatividade e fixa o conhecimento, atua nas vibrações de elevação através do planeta Mercúrio, atraindo boa sorte. O simbolismo são ondas retas e circulares, representando o movimento das águas. Estes signos estão ligados a grande teia astral e podem ser colocados no espaço de magia religiosa, entre outros.

Magia com as velas na vibração de Mãe Ewá

Planeta – Vênus
Dia da semana planetário – Sexta-feira
Dia da semana na tradição – Terça-feira
Ewá rege horários distintos no decorrer da semana dentro do conhecimento sobre os influxos dos astros.

Os horários de maior força do Orixá Ewá na semana:

Domingo: 2h às 2h59min; 9h às 9h59min; 11h às 11h59min; 16h às 16h59min
Segunda-feira: 6h às 6h59min; 13h às 13h59min; 20h às 20h59min
Terça-feira: 3h às 3h59min; 10h às 10h59min; 17h às 17h59min; 0h às 0h59min
Quarta-feira: 7h às 7h59min; 14h às 14h59min; 21h às 21h59min
Quinta-feira: 4h às 4h59min; 11h às 11h59min; 18h às 18h59min
Sexta-feira: 1h às 1h59min; 8h às 8h59min; 15h às 15h59min; 22h às 22h59min
Sábado: 5h às 5h59min; 12h às 12h59min; 19h às 19h59min

Embora o grande influxo de força de Ewá seja nas vibrações planetárias na Sexta-feira, todos os dias existem horários específicos onde a força deste Orixá tem sua regência.

Para atrair vibrações de proteção dentro da força de Ewá peguemos sete velas rosa e vermelha, criemos um círculo com a pemba, tracemos duas linhas cruzando o círculo representando os pontos cardeais, verifique qual ponto cardeal está em sintonia com o propósito a ser ativado a magia. O dia, o horário, a lua, a direção magnética deve ser escolhida de acordo com a necessidade do iniciado. Não existe nenhuma magia pronta, tudo segue os influxos dos poderes existentes unindo a particularidade espiritual do iniciado, sua intenção e intuição. O mesmo se dá neste caso as evocações, que devem conter a mesma particularidade do médium (iniciado) e esta evocação segue com palavras e dizeres dentro dos propósitos almejados. Outros elementos podem estar dentro do espaço mágico, como ervas, pedras, incensos, bem como nomes escritos com grafite com os nomes das pessoas a serem beneficiadas! Ewá Orixá da vidência, do intelecto, da força interior, rege a beira dos rios e cachoeiras, tem como um dos símbolos dentro da religião as ondas espiraladas e curvas, tornando-se símbolos no astral que beneficiam dentro da magia com as velas.

Magia com as velas na vibração de Ibeji (Cosme e Damião)

Planeta – Sol
Dia da semana planetário – Domingo
Dia da semana na tradição – Domingo
Ibeji rege horários distintos no decorrer da semana dentro do conhecimento sobre os influxos dos astros.

Os horários de maior força do Ibeji na semana:

Domingo: 1h até às 1h59min; 8h às 8h59min; 15h às 15h59min; 22h às 22h59min
Segunda-feira: 5h às 5h59min; 12h às 12h59min; 19h às 19h59min

Terça-feira: 2h às 2h59min; 9h às 9h59min; 16h às 16h59min; 23h às 23h59min
Quarta-feira: 6h às 6h59min; 13h às 13h59min; 20h às 20h59min
Quinta-feira: 3h às 3h59min; 10h às 10h59min; 17h às 17h59min
Sexta-feira: 7h às 7h59min; 14h às 14h59min; 21h às 21h59min
Sábado: 4h às 4h59min; 11h às 11h59min; 18h às 18h59min

Embora o grande influxo de força de Ibeji seja nas vibrações planetárias no Domingo, todos os dias existem horários específicos onde a força destas entidades infantis tem a sua regência.

Para atrair vibrações de proteção dentro da força de Ibeji peguemos sete velas brancas, rosa e azuis, criemos um círculo com a pemba, tracemos duas linhas cruzando o círculo representando os pontos cardeais, verifique qual ponto cardeal está em sintonia com o propósito a ser ativado a magia. O dia, o horário, a lua, a direção magnética deve ser escolhida de acordo com a necessidade do iniciado. Não existe nenhuma magia pronta, tudo segue os influxos dos poderes existentes unindo a particularidade espiritual do iniciado, sua intenção e intuição. O mesmo se dá neste caso as evocações, que devem conter a mesma particularidade do médium (iniciado) e esta evocação segue com palavras e dizeres dentro dos propósitos almejados. Outros elementos podem estar dentro do espaço mágico, como ervas, pedras, incensos, bem como nomes escritos com grafite com os nomes das pessoas a serem beneficiadas!

As entidades na vibração de Ibeji são puras e elevadas, estão dentro do campo de força como intermediadores dos nossos orixás. Suas vibrações atraem os poderes de todos os astros, os símbolos usados são os mesmos de cada força orixá, dependendo da regência da coroa do medianeiro.

Magia com as velas na vibração de Tempo (Criador)

Planeta – Lua
Dia da semana planetário – Segunda-feira
Dia da semana na tradição – Terça-feira
Tempo rege horários distintos no decorrer da semana dentro do conhecimento sobre os influxos dos astros.

Os horários de maior força do Tempo na semana:

Domingo: 4h às 4h59min; 11h às 11h59min; 18h às 18h59min
Segunda-feira: 1h às 1h59min; 8h às 8h59min; 15h às 15h59min; 22h às 22h59min
Terça-feira: 5h às 5h59min; 12h às 12h59min; 19h às 19h59min
Quarta-feira: 2h às 2h59min; 9h às 9h59min; 16h às 16h59min; 23h às 23h59min
Quinta-feira: 6h às 6h59min; 13h às 13h59min; 20h às 20h59min
Sexta-feira: 3h às 3h59min; 10h às 10h59min; 17h às 17h59min; 0h às 0h59min
Sábado: 7h às 7h59min; 14h às 14h59min; 21h às 21h59min

Embora o grande influxo de força de Tempo seja nas vibrações planetárias na Segunda-feira, todos os dias existem horários específicos onde à força de Tempo se potencializa. O Tempo é a própria força criadora dentro da doutrina da Umbanda Cruz, rege tudo e todos, mas se potencializa nos horários acima.

Para atrair vibrações de proteção dentro da força de Tempo peguemos sete velas brancas, criemos um círculo com a pemba, tracemos duas linhas cruzando o círculo representando os pontos cardeais, verifique qual ponto cardeal está em sintonia com o propósito a ser ativado a magia. O dia, o horário, a lua, a direção magnética deve ser escolhida de acordo com a necessidade do iniciado. Não existe nenhuma magia pronta, tudo segue os influxos dos poderes existentes unindo a particularidade espiritual do iniciado, sua intenção e intuição. O mesmo se dá neste caso as evocações, que devem conter a mesma particularidade do médium (iniciado) e esta evocação segue com palavras e dizeres dentro dos propósitos almejados. Outros elementos podem estar dentro do espaço mágico, como ervas, pedras, incensos, bem como nomes escritos com grafite com os nomes das pessoas a serem beneficiadas!

Tempo é o Poder da criação, tudo está dentro do tempo, todos os símbolos e ondas dependem desta grande força.

Rege todos os lados, todas as luas e todos os magnetismos, entender o Tempo é compreender a existência!

Magia com as velas na vibração de Mãe Terra

Quando falamos da Mãe Terra, estamos falando do nosso planeta, uma grande morada, onde existe a união das vibrações planetárias propiciando a evolução humana. Tudo o que interpretamos e cultuamos está aqui, louvar a grande mãe é estar em sintonia com nossa essência, com nossa ancestralidade. No início de nosso manual cito os primórdios da humanidade, construindo uma linha de entendimento sobre religião, magia e a utilização da vela em vários lugares do planeta.

A Mãe Terra é regida por todos os astros, todas as forças, ativar a magia com as velas reverenciando-a forma um manto protetor.

Na terra, faça um círculo com um cajado, com um punhal, criando um espaço de magia, acenda velas da cor do Orixá que te rege, evoque as forças da grande mãe e seja protegido.

O horário para este trabalho está dentro do dia planetário de seu orixá, voltado para o Norte e na Lua Cheia.

Entendemos através do dia e os horários sobre a ligação dos orixás uns com os outros.

Dia do Sol onde os Orixás regem, ainda encontramos todos os demais através das horas planetárias. Portanto podemos pedir a Oxalá no Domingo dia planetário do Sol e clamar a justiça de Xangô no horário de Mercúrio, unindo a fé e a justiça às 10h da manhã, ou às 17h. Este é um exemplo, todos os orixás estão dentro do dia de Oxalá, ocorrendo em cada dia da semana.

O entrecruzamento entre os orixás sempre foi muito falado, através da tabela planetária entende-se os orixás, suas forças e como estão em tudo sempre, com dias e horários onde podemos interpretar e tirar melhor proveito!

Para o dirigente espiritual, ou sacerdote, o dia e horário ajudará no recolhimento onde os banhos e os fundamentos estarão sendo realizados dentro da força dos orixás assentados.

Para tais tarefas estar evocando os poderes da Mãe Terra faz todo sentido e diferença, sem contar que os trabalhos ocorrerão amparados por ondas vibratórias normalmente desconhecidas por possíveis interferências dentro dos padrões espirituais onde está se atuando. Características evocadas ancestrais unem-se a todas as forças da criação fundindo-se as vibrações de nossos orixás.

O uso das velas nas vibrações de Exu

Planeta – Lua

Dia da semana planetário – Segunda-feira

Dia da semana na tradição – Segunda-feira

Exu rege horários distintos no decorrer da semana dentro do conhecimento sobre os influxos dos astros.

Os horários de maior força de Exu na semana:

Domingo: 4h às 4h59min; 11h às 11h59min; 18h às 18h59min
Segunda-feira: 1h às 1h59min; 8h às 8h59min; 15h às 15h59min; 22h às 22h59min
Terça-feira: 5h às 5h59min; 12h às 12h59min; 19h às 19h59min
Quarta-feira: 2h às 2h59min; 9h às 9h59min; 16h às 16h59min; 23h às 23h59min
Quinta-feira: 6h às 6h59min; 13h às 13h59min; 20h às 20h59min
Sexta-feira: 3h às 3h59min; 10h às 10h59min; 17h às 17h59min; 0h às 0h59min
Sábado: 7h às 7h59min; 14h às 14h59min; 21h às 21h59min

Embora o grande influxo de força de Exu seja nas vibrações planetárias na Segunda-feira, todos os dias existem horários específicos onde a força de Exu tem sua regência.

Exu é a entidade que rege os caminhos, é a primeira força que se ativa dentro do Templo religioso, ele guarda e protege as sessões espirituais.

Embora a segunda-feira seja o seu dia, exu está em tudo, em todos os trabalhos e sustenta todos os trabalhos dentro da magia com as velas.

Através da compreensão da ligação planetária, interpretam-se as interligações, e a força de exu na relação de cada orixá.

Um adendo sobre exu! Força espiritual divina que proporciona a compreensão sobre a proteção Do Criador através de seres que militam a esfera espiritual humana, não existe nenhum aspecto que seja negativado sobre esta força. Quando se cita exu, estou falando do feminino e masculino, das forças de vitalidade e do desejo, que fazem parte de nossa existência e consciência, determinando nosso bem-estar, nossa elevação e evolução. Sobre exu indico a obra "Exu – A Mão Esquerda do Criador" onde a doutrina sobre esta incrível força está bem delineada dentro dos aspectos mais elevados sobre estes incríveis seres!

Para ativarmos a magia de exu com as velas, podemos fazê-lo em local de preferência mata, ou se for para você mesmo, em seu quintal. O procedimento de descarrego é sempre realizado fora do ambiente interno de nossa casa, podemos pegar velas de cores vermelhas e pretas. As cores são potencializadoras das ondas características das forças de exu, as velas de cor vermelha sempre ativando a vitalidade e o desejo. Desejo de viver bem, desejo de vencer na vida, o desejo dentro das características elevadas, nunca colocamos o lado profano muitas vezes atribuído ao desejo e a pomba-gira. A vitalidade é a força que proporciona nossas vitórias, sem a vitalidade nos tornamos apáticos e sem forças, ativar esta força de exu é primordial para tudo na vida e na espiritualidade. As velas de cor preta são ótimas para diluição, os descarregos se potencializam através das ondas vibratórias da cor preta. Ainda ambas as cores podem representar a cor do espectro místico de um espírito que tem como grau ser exu, representa o oculto e o místico, ainda potencializa a lua minguante ou a lua cheia dentro dos ritos de exu.

No descarrego fazer um círculo que pode ser feito de pó de pemba, estar em frente ao ponto magnético sul, na lua cheia ou minguante, este procedimento é para descarga de forças negativadas, evoca-se a força de exu na magia com as velas.

Dentro do trabalho para elevação e potencialização da força do medianeiro ou de alguém, fazer o círculo com as mesmas características, apenas muda a direção para o norte e fazer dentro da lua nova ou crescente. A derivação para os polos leste ou oeste, pode ser ativado de acordo com as necessidades, averiguando ainda o dia da semana e o horário para que o trabalho tenha êxito.

Círculo feito na mata com pó de pemba delimitando o espaço da magia com as velas. Pode ser colocado as velas de acordo com a necessidade, de uma a nove velas seguindo as características espirituais.

Exu (feminino e masculino) possui vibrações bem distintas, representadas por ondas retas, curvas e espiraladas, formam principalmente as forças tripolares (tridentes), ou a estrela de cinco pontas representando o exu no domínio dos quatro elementos. Dentro de um ponto de exu as referências planetárias são evidentes, estes seres quando manifestados (incorporados) são magos, feiticeiros e bruxos no astral.

Referência dos orixás com os exus

- Oxalá – Oxalufan – Ibeji – Exus que atuam dentro das forças do Sol, estes trabalham com a atribuição da fé de Oxalá, a sabedoria de Oxalufan e elevação de Ibeji.

Iniciado dentro do círculo de descarrego na magia com as velas.

- Iemanjá – Nanã – Oxumaré – Tempo – Exus que atuam dentro das forças da Lua, estes trabalham com a força da geração de Iemanjá, da sabedoria de Nanã, a decantação e riqueza de Oxumaré, com a calma e retidão do Tempo.
- Ogum – Oxaguian – Exus que atuam dentro das forças de Marte, a ordenação de Ogum, a perseverança de Oxaguian.
- Xangô – Iansã – Obá – Exus que atuam dentro das forças de Mercúrio, na justiça e equilíbrio de Xangô, determinação de Iansã, firmeza de Obá.

- Oxóssi – Ossain – Logunedé – Exus que atuam dentro das forças de Júpiter, fartura de Oxóssi, essência e fundamento de Ossain, riqueza e expansão de Logunedé.
- Oxum – Ewá – Exus que atuam dentro das forças de Vênus, a concepção e amor de Oxum, a percepção e visão de Ewá.
- Obaluaê – Omulú – Exus que atuam dentro das forças de Saturno, a verdade e decantação de Obaluaê e o rompimento da ilusão de Omulú.

Exu dá caminhos dentro da característica de cada Orixá, embora esteja colocada a ligação de Orixá com Exu de maneira genérica, existem várias atribuições, o intuito do *Manual de Magia com as Velas* é dar meios de interpretar e atuar de maneira assertiva. Muitos se preocupam com os nomes dos exus, lembrando que os nomes são simbólicos, porém identificamos algumas características. Existem exus que militam em suas energias e magnetismos em pontos de força, que normalmente está interligado ao nome do Exu e identifica o Orixá que rege o medianeiro.

- Exus do cemitério
- Exus das encruzilhadas
- Exus das montanhas
- Exus dos rios
- Exus dos caminhos
- Exus das matas
- Exus das pedreiras
- Exu dos lagos
- Exus dos mares

Existem Exus ligados aos elementos: Exu do fogo, Exu da terra, Exu da água, Exu do ar. Exus ligados aos metais, às pedras, existe uma vastidão de seres que militam a esfera do grau de Exu, que como citei normalmente estão ligados ao Orixá que rege o médium. Entende-se dentro da doutrina Umbanda Cruz ou Cruzada, todo médium tem seu quadrante, com quatro Orixás diretos, sendo representado por dois casais, masculino e feminino, onde cada força Orixá tem um Exu específico. Nesta situação já detectamos quatro Exus (masculino e feminino), embora muitos médiuns tem o contato apenas com um exu feminino (pomba-gira) e um exu masculino.

Estas são algumas referências para tranquilizar o iniciado em sua tarefa, se não sabe o nome de seu Exu, saiba que ele está ao seu lado e responderá através de seu Orixá.

MAGIA COM AS VELAS PARA VÁRIAS FINALIDADES

Todas as magias abaixo devem ser realizadas exatamente como recomendado, lembrando que estes procedimentos movimentam forças e estas possuem grande poder de realização.

Magia para emprego na vibração de Ogum

Materiais:

1 vela de sete dias vermelha
7 velas palito azul escuro
7 espadas de São Jorge
1 pemba branca
1 cerveja

Esta magia é para ser ativada na terça-feira às 15h30min dentro de casa na vibração de Ogum, no seu dia e horário.

Fazer o círculo de pemba branca, acender primeiro a vela central de sete dias de cor vermelha, acender as azuis formando um círculo dispondo uma a uma em sentido horário. Dentro de qualquer trabalho de magia com as velas é fundamental que se faça mentalizando o que se deseja.

Colocar as espadas de São Jorge com as pontas para fora, sempre sentido horário assim como foram colocadas às velas.

Esta magia deve ser realizada na Lua Nova, se posicione em frente ajoelhado, certifique-se que esta de frente ao Norte magnético. A cerveja colocar em um copo, o significado da bebida é a união de dois elementos contrários, água e fogo, isto em todos os trabalhos que vão bebidas. No caso deste trabalho é eliminar o que é ruim e assepsia de energias.

Evocação:

Evoco Deus, as forças e poderes espirituais de meu pai Ogum, pedindo que meus caminhos se abram para o emprego, que sejam afastadas todas as forças que possam estar me impedindo, se houver influxos em mim que estejam bloqueando meus caminhos que Ogum me abençoe com seu poder me elevando. Que .... (Fale seu nome) consiga meu objetivo e que meu Pai Ogum me abençoe.

Pegue uma espada de São Jorge corte em sete pedaços e faça um banho, coloque três cruzando-as embaixo da cama e as três restantes plante-as na terça-feira seguinte que será na Lua Crescente.

Magia para emprego na força cigana

Materiais:

7 moedas corrente
7 velas palito azul escura

1 vela palito dourada
1 vela sete dias branca
1 fita amarela do seu tamanho, largura de um dedo.
1 prato branco virgem
1 xícara de açúcar

A magia cigana é poderosa força para abrir caminhos e para emprego, deve ser realizada na segunda-feira de preferência às 8h da manhã ou às 22h no período da noite. Esta magia deve ser realizada dentro de sua casa, pode ser colocada após sua ativação em um altar, ou pode deixar no local até o termino da vela de sete dias.

Fazer o círculo com a fita sem amarrar, apenas coloque-a de maneira que forme um espaço mágico delimitado. Colocar o prato com açúcar no centro, acender a vela branca evocando as forças da corrente cigana, no açúcar colocar as sete moedas mentalizando o que está buscando. Colocar a vela dourada na direção norte bem à frente da vela central onde se encontra o prato, circular sempre em sentido horário com as velas azuis escuras.

Toda vela quando acesa deve-se evocar os mistérios do povo cigano!

Evocação:

Evoco O Poder Criador, as forças e mistérios dos ciganos pedindo-lhes o auxílio espiritual em minha vida. E peço-lhes que: sejam abertos meus caminhos e que eu consiga alcançar meus objetivos de trabalho, que sejam afastados os negativismos, que eu seja amparado por vossas forças ciganas.

Ciganos eu vos peço esta benção, que estas moedas sejam aberturas para minha vitória, que está fita represente o manto protetor e de elevação.

Após os sete dias pegue estas moedas e de uma a uma a algum morador de rua, não sendo necessário que seja no mesmo dia. A fita amarela encontre uma árvore bem bonita de preferência um ipê amarelo, mas não se não tiver esta pode ser uma árvore frutífera. O açúcar do prato representa a abertura de seus caminhos, coloque no pé da árvore que amarrou a fita!

Magia para quebrar praga

Materiais:

1 vela palito branca
1 moeda corrente
3 velas palito brancas
3 velas palito pretas
1 vela palito vermelha
7 varetas de incenso de arruda ou de pimenta
7 pimentas dedo de moça
1 pano preto

Antes de abrir esta magia acender a vela branca e pedir licença ao dono do local colocando a moeda ao lado realizando o pagamento.

A magia para quebrar praga deve ser realizada em local de mata, de preferência à beira de um lago. As forças ali ativadas são da natureza e o beneficiado receberá amparo de acordo com a espiritualidade antagônica a energia destrutiva atuante.

A magia deve ser montada na terra, sendo que no meio do trabalho seja feito um pequeno buraco que será utilizado para enterrar as pimentas. Esta magia deve ser realizada no sábado às 15h30min horário de ativação, portanto a montagem deve ser iniciada às 15h. O influxo planetário é de Saturno devendo ser ativado voltado ao Sul e na Lua Minguante, são conjunções que propiciarão melhor resultado.

Evocação:

Evoco Deus, as forças da natureza, os espíritos benfeitores, os seres elementais e peço que: sejam diluídas todas as forças negativadas, que as pragas sejam quebradas, que as rezas em cima de meu nome sejam envolvidas pela força da Lua e pela força da terra.

É necessário que a montagem desta magia seja assim: velas pretas em formato piramidal de maneira que fique em torno do buraco e de uma forma que a pessoa entre dentro. As velas brancas devem completar formando um hexágono, as pimentas devem estar ao redor do buraco, a vela vermelha na mão do beneficiado que repete a evocação por três vezes circulando a vela em torno da cabeça sentido anti-horário. Quando terminar as evocações quebre a vela vermelha no meio apagando-a, deixe dentro do buraco antes de sair.

Após o procedimento saia do espaço magico, pegue o pano preto enrole as pimentas e enterre no buraco pedindo que os influxos ali evocados tomem conta.

Magia para quebrar demandas destrutivas e magias negativadas

Materiais:

1 vela branca

8 moedas corrente

7 velas pretas

7 sementes garra do diabo

7 pregos
7 pimentas dedo de moça
1 garrafa de Pinga
7 ovos
1 troca de roupa para ser despachada
1 punhal

Este procedimento de magia deve ser realizado em local de mata, ou dentro do cemitério. A magia para anular forças destrutivas sempre obedecerá ao que já foi citado, as leis de ação e reação, portanto é licito a abertura de magia com as velas para trazer os benefícios que quebram as demandas.

Pedir sempre licença ao dono do local acendendo uma vela branca colocando uma moeda como forma de pagamento. O local deve estar limpo, pegue o punhal e faça um círculo na terra de maneira que possa entrar dentro, já inicie os pedidos para que as demandas, as magias negativadas sejam desfeitas, passe pinga em todos os elementos que serão utilizados, inclusive as velas. Onde foi feito o círculo com o punhal faça com a pinga, sentido anti-horário, evocando as forças da lei de Deus, os espíritos de luz, os elementais que ali se encontram.

Acenda as velas pretas em sua mão primeiro, mentalizando os propósitos, disponha as velas no círculo sentido anti-horário, coloque os pregos voltados com a ponta para fora da mesma forma, na ponta dos pregos disponha as sementes garra de diabo, esteja voltado para o Sul, este procedimento pode ser realizado na lua Minguante ou Cheia, em uma segunda-feira às 19h até às 19h59min, tem que estar dentro deste horário o trabalho. Entre neste círculo passando os ovos desde a cabeça até os pés, deixando-os dentro do círculo. Neste momento faça a evocação em voz alta, repita por três vezes.

Evocação:

Evoco Deus, as forças de Sua Lei, os espíritos de luz, seres elementais e peço que: sejam anuladas e quebradas as demandas e magias negativadas, que este ovo recolha as larvas astrais, as cópias de forças negativadas projetadas contra mim. Peço que esta força aqui ativada, vá até aonde está firmado negativamente meu nome, desmagnetizando o trabalho feito contra minha pessoa, que sejam encaminhados os seres negativados que foram ativados contra mim e minha família.

Terminando o trabalho saia pela frente, retorne até onde ativou de frente para o Sul agradeça e saia sem dar as costas dando sete passos para trás.

Magia de fechamento de corpo na vibração de Cipriano

Materiais:

1 fio de 120 pedras ou contas e uma firma montado pelo beneficiado
7 velas palito amarela
7 velas palito preta
7 velas palito branca
1 vela de sete dias amarela
3 punhais
1 pemba branca
1 garrafa pinga
Ervas para banho – arruda, folhas de fumo, guiné, folhas de café, cipó caboclo.

1 moeda corrente
1 copo para colocar água
Fita de cor vermelha que tenha o dobro de seu tamanho

Cipriano não deve ser visto apenas como uma entidade, e sim, como uma força que existe dentro da magia. O fio de conta deve ser montado na Lua Cheia, em um Domingo em qualquer horário. As ervas devem ser colhidas de dia, entre 6h da manhã até às 17h59min, pedindo licença para que sejam colhidas as energias necessárias de cada erva, de preferência que sejam colhidas na sexta-feira. Macere as ervas no sábado pedindo a força da corrente de Cipriano, acrescente no banho um pouco de pinga, faça com uma vela acesa ao lado acesa desta força. Tome o banho de ervas macerado após o banho higiênico, da cabeça aos pés e deixe secar no corpo.

Feito estes procedimentos consagre a guia de Cipriano acendendo uma vela no meio dela, deve ser no chão, faça um círculo com pemba para fechar o perímetro.

Fechamento de corpo: Este procedimento deve ser realizado no dia da semana e horário que o beneficiado nasceu só assim se completa está magia poderosa. Após o banho de ervas e a guia montada (fio de contas), coloque-a no pescoço, o local deve ser em uma mata. Escolha uma pequena arvore, tem que ser fina o bastante que consiga abri-la no meio sem que ela se rompa nem em cima e nem embaixo, este procedimento realizado com os punhais.

Faça o círculo de velas ao redor desta árvore pedindo licença com um copo de água e uma moeda.

Intercale as cores das velas, esta magia requer muita atenção, pois abre as vibrações de sua vida, acenda as velas fazendo a evocação, deve ser repetida sete vezes, até o término do trabalho. Passe dentro da árvore, este ritual é de renascimento e fechamento de seu corpo, após passar continue evocando enquanto amarra a fita fechando a fenda aberta da árvore, finque os três punhais ao redor.

Ajoelhe-se diante da árvore após a amarração voltado para o Leste, onde o Sol nasce e acenda a vela de sete dias amarela concluindo a evocação.

A vibração muda, além de fechamento de corpo a iniciação perante a força de Cipriano traz uma grande força de vitória em sua vida.

Magia para curar enfermidades

Materiais:

8 velas palito brancas
4 moedas corrente
1 vela palito preta
1 vela palito roxa
7 copos com água
1 fita do tamanho do favorecido preta
1 talco de alfazema

A magia para curar enfermidades é abrangente, servindo para várias doenças, tendo resultado total para males provenientes de magias negativadas, ou autogerado através de forma pensamento, quando são cármicas apenas atenua-se. Este trabalho deve ser executado em local aberto na natureza onde tenha grama, a pessoa deita-se enquanto o médium acende as velas na força de Obaluaê e Omulú realizando as evocações repetidamente. Anterior ao procedimento acende-se uma vela branca pedindo licença ao dono do local colocando uma moeda como pagamento do solo.

Acendem-se em volta do beneficiado as sete velas de cor branca, esta magia é poderosa e sempre deve ser montada sentido horário, a vela roxa coloca acima da cabeça e a preta nos pés. Os copos com água são dispostos seguindo o mesmo sentido das velas brancas, água de preferência de fonte em copo de vidro. A cabeça do atendido deve estar voltada para o Sul e o procedimento tem que ser em Lua Minguante no dia de Sábado entre às 14h até às 14h59min. As velas ao redor devem ter uma distância de um metro, pois o procedimento ao redor requer que o médium caminhe em torno do assistido enquanto faz as evocações e da os nós na fita preta afirmando o que esta pronunciando.

É sete voltas dadas sentido anti-horário, depois sete sentido horário, após isto demarcar o corpo da pessoa onde ela está deitada com talco de alfazema e pedir para que saia.

A grama onde a pessoa estava deitada deve ser removida e virada para baixo, invertendo com as raízes para cima, colocar as três moedas em agradecimento na terra embaixo.

Evocação:

Evoco as Forças e Poderes Da Criação, as místicas de Pai Obaluaê e Pai Omulú, dos espíritos da corrente médica e seres elementais da terra e peço que: As enfermidades sejam anuladas, amarradas nas vibrações desta evocação em Nome do Pai e dos Orixás, que este irmão(a) receba conforme seu merecimento a cura e a elevação. Se esta enfermidade foi de trabalho feito que seja desfeito e a cópia negativa deste trabalho seja anulada. Que assim seja!

Magia para prosperidade

Materiais:

3 velas palito dourada
3 velas palito amarela

1 vela palito azul escura
7 folhas de loro
7 moedas corrente
7 cravos
1 imã
1 saquinho de pano vermelho
1 prato branco/açúcar e canela em pó

Esta magia precisa pode ser realizada em cima de uma mesa no dia de Júpiter, quinta-feira, preferencialmente entre 10h às 10h59min da manhã horário do Sol, onde os influxos propiciam os elementos e a força de prosperidade. Formar um círculo com as velas, sendo que a vela azul esteja voltada para o Leste, no prato coloque açúcar e a canela em pó, em cima no centro o imã e as moedas ao redor, sempre posicionando no sentido horário. As folhas de louro e os cravos seguem o mesmo sentido, o saquinho de pano precisa estar dentro do prato para receber a imantação também. Será feito um pequeno patuá e se trata de uma forte magia de prosperidade, pois se abre um vórtice de vibrações que beneficiarão quem está fazendo.

Fazer a evocação e após o término das velas, colocar as folhas de loro, as moedas o imã e os cravos no saquinho e feche--o. O açúcar e a canela devem ser misturados na água, fazendo um banho de prosperidade da cabeça aos pés. Deixar secar este banho e só podendo tomar outro após sete horas.

Evocação:

Evoco os Poderes de Deus, dos astros, dos Orixás, guias e protetores e peço que: Os influxos de prosperidade estejam em minha vida, atraindo boa sorte e vibrações de vitória e sucesso. Que estas vibrações me tragam paz e energias boas para que meu trabalho seja sempre próspero, para que minha vida seja elevada e protegida em nome de Deus. Que assim seja!

Este patuá consagrado na vibração da magia com as velas deve estar sempre de posse de seu dono, no bolso ou na bolsa, serve como proteção contra vibrações degeneradas que negativam as vibrações de prosperidade.

Magia para questões de justiça

Materiais:

- 7 pedras olhos de tigre
- 7 britas
- 4 velas palito marrom
- 1 vela sete dias branca
- 7 moedas corrente
- 7 galhos de manjericão
- 1 pemba branca

A magia para questões de justiça é feita dentro das vibrações de Pai Xangô, Orixá da justiça.

Esta magia deve ser realizada dentro do lar ou mesmo no comércio, atuando sobre problemas que envolvem uma pessoa, um lar ou mesmo uma empresa. Este trabalho deve ser realizado próximo à porta de entrada do lar ou empresa, fazer um círculo com pemba branca, cruzar este círculo respeitando os pontos cardeais, esta magia deve ser ativada voltada para o sul, no dia do planeta Mercúrio, dia de Pai Xangô, respeitando o horário de tarefa das 22h às 22h59min. Colocar cada vela marrom na ponta dos pontos magnéticos, colocando a vela de sete dias no centro da magia. Colocar o nome do beneficiado (ou empresa) debaixo da vela que está no meio. As pedras, olho de tigre, britas e moedas, devem formar um círculo ao redor da vela central e os sete galhos de manjericão dispostos dentro da magia. É fundamental que na montagem da magia a mente esteja focada na tarefa, fazer as evocações três vezes, após as velas acesas e todo o material disposto dentro da magia.

Evocação:

Evoco O Criador a justiça de Pai Xangô, os guias e mentores que resguardam esta Lei, e peço que: todas as injustiças sejam quebradas, que todas as forças que estejam atuantes contra mim (falar o nome da pessoa ou empresa), sejam envolvidas pelos poderes aqui evocados. Que os poderes deste dia e desta hora me fortaleçam, impedindo que seres desvirtuados atentem contra mim (diga mais uma vez seu nome ou da empresa). Que assim seja!

Após os sete dias e o término da vela central pode-se desmontar a magia, que continuará ecoando em força e luz dentro das vibrações que foram determinadas.

As pedras britas devem ser despachadas, junto com as ervas, em ruas diferentes em torno do local onde a magia foi ativada. As pedras olho de tigre servirão como fonte de vibração de justiça e devem permanecer no lar ou empresa em local de preferência sem serem vistas.

Magia para atrair o amor

Materiais:

7 velas palito rosa

1 vela palito prata
1 maçã
1 pacote de cravo da índia
1 prato branco
7 pedaços de canela em pau
1 fita vermelha tamanho da pessoa beneficiada
1 pemba branca

A magia para atrair vibrações de amor se trata de uma harmonização das energias que beneficiarão esta força. A utilização dos influxos da Lua Cheia no dia de Vênus, sexta-feira, consagrando os elementos e o trabalho na energia do amor, este trabalho funciona muito bem também dentro das vibrações do dia e hora de seu nascimento, independente da fase lunar. Como as sextas de Lua Cheia se repetem mais, vamos direcionar esta tarefa para o dia de Vênus, o horário noturno das 22h até às 22h59min.

Este trabalho deve ser realizado dentro da casa da pessoa beneficiada, fazer um círculo com pemba branca, lembrando que tudo que vem para beneficiar deve seguir o sentido horário, as velas de cor rosa dispostas em círculo por cima do risco, a vela prata antes de colocá-la no centro passar no corpo da cabeça aos pés mentalizando a força atraída. Acender as velas realizando a evocação, sempre com o pensamento voltado aos propósitos do trabalho, ajoelhe-se sentido do Norte, coloque o prato dentro colocando os sete pedaços de canela mais ou menos no mesmo sentido das velas rosa. A maçã deve ser bonita e bem vermelha, inicie a colocação dos cravos na maçã, espetando uma a um fazendo seus pedidos até que a maçã esteja coberta completamente. Após isto pegue a fita vermelha passe pelo corpo da cabeça aos pés e evolva a maçã com esta fita fechando com um laço.

Evocação:

Evoco as Forças e Poderes do Criador, os influxos da Lua Cheia e de Vênus nas vibrações do amor e peço que: as energias e vibrações do amor me elevem, atraindo esta força em minha vida, equilibrando-me de maneira que seja atraído pessoas afins com esta força em minha vida. Peço que... (Falar o nome da pessoa amada) esteja dentro desta força do bem e da elevação e que seja harmonizada as nossas energias se tornando apenas uma. Que assim seja!

Obs.: este trabalho se trata de harmonização das energias do amor e não se trata de amarração.

Magia das velas para atrair boa sorte na força de Júpiter

Materiais:

1 garrafa de vinho tinto seco
3 velas palito verdes
3 velas palito azul escuro
1 vela palito dourada
Nós moscada ralada e imburana (de preferência ralados pelo beneficiado)
1 pemba vermelha
Bacia de ágata

A magia de boa sorte é uma força que deve ser ativada em nossa vida, além de atrair boas energias, afasta o que não serve elevando nosso padrão. O círculo de velas deve ser montado com o beneficiado ao centro, primeiramente fazer o risco com pemba vermelha fazendo um círculo, posicione as velas verdes e azuis. O círculo ficará grande de maneira que tenha espaço para continuar a tarefa, sempre mentalizando o desejado, acenda as velas verdes e azuis e depois continue. Estando no centro da magia pegue a bacia de ágata colocando o vinho tinto dentro realizando a evocação que deve ser repetida desde o início da tarefa, adicione a nós moscada e a imburana, estes elementos possuem por si só vibrações de regeneração e elevação, unidas as vibrações do vinho potencializam forças que beneficiarão os influxos positivos de boa sorte. Após estes procedimentos fique de pé da direção do Leste magnético, acenda e vela dourada que deve ser passada em torno da cabeça realizando a evocação descendo passando pelo corpo até os pés. Coloque ao lado da bacia. Os horários são primordiais, inicia-se este trabalho às 8h até às 8h59min, o conteúdo da bacia servirá como banho que deverá ser tomado às 22h até as 22h30min, tudo realizado no dia de Júpiter, quinta-feira!

Evocação:

Evoco Deus, as forças e poderes dos seres que estão na vibração de Luz e Elevação, os Orixás, guias, mentores e elementais que vibram neste dia, aos poderes de Júpiter e peço que: sejam abertas as vibrações positivas em minha existência, elevando minhas forças, fortalecendo-me e iluminando meus caminhos, que a Luz de cada Poder evocado esteja sempre comigo, me protegendo e dotando-me de tudo que é bom e positivo. Que assim seja!

Obs.: O banho com o vinho deve ser feito da cabeça aos pés, deixe secar de preferência lavando a cabeça após vinte e quatro horas.

Magia com as velas para tratar depressão

Materiais:

1 vela de sete dias azul-claro
7 velas palito marrom
3 pedras lápis-lazúli
3 pedras quartzo rosa
1 pedra de cristal
1 jarro de vidro
1 pemba branca

Embora se trate de um problema mental e emocional, com somatizações decorrentes dos acontecimentos da existência, este quadro encerra-se na aproximação de seres e energias que aprofundam as causas. A magia dará um equilíbrio maior, onde as forças centrais de Mãe Iemanjá e as vibrações de equilíbrio de Pai Xangô proporcionarão melhoras e curas significativas. O dia para se realizar esta magia é no dia de Mercúrio que corresponde ao Orixá Xangô, o horário para ser realizado é lunar que representa as forças do Orixá Iemanjá.

Fazer um círculo com pemba dentro de casa, colocar as velas marrom formando uma estrela de seis pontas, próximo ao círculo pelo lado interno, a vela de sete dias azul, colocar no centro do trabalho com o nome da pessoa beneficiada embaixo da vela. O jarro, de preferência de vidro, colocar água e depositar as pedras de quartzo rosa e a pedra cristal dentro da água. As três pedras de lápis-lazúli ficarão fora, não pode colocar na água, este procedimento deve respeitar o dia de quarta-feira e o horário das 9h da manhã até às 9h59min, dentro deste tempo será realizado o trabalho no dia de Pai Xangô no horário de Mãe Iemanjá. É importante que o lado magnético seja o Oeste, onde se põe o Sol, é onde os equilíbrios emocionais ocorrem.

Evocação:

Evoco os Poderes De Deus, as forças e vibrações de Pai Xangô e Mãe Iemanjá, guias e protetores de .... (Falar o nome da pessoa beneficiada) e peço que: sejam equilibradas as minhas vibrações atraindo as forças que trarão a cura, elevando minha força mental. Peço ainda que se houver alguma força que esteja atuando sobre minha mente e meu emocional, que sejam diluídas e levadas a onde pertence. Que assim seja!

Este trabalho tem duas situações, pode ser feito para alguém que esteja necessitado, ou a pessoa em questão, poderá fazer para si mesma, porém, dificilmente uma pessoa com quadro depressivo conseguirá realizar este procedimento sem que haja alguém a apoiando.

Magia com as velas na força dos baianos

Materiais:

8 velas palito branca
1 vela amarela de sete dias
1 moeda corrente
1 coco seco
1 fita amarela do tamanho do beneficiado
1 pedra brita
Casca de Juá
Arruda
Sal grosso

Este trabalho de magia na força de baianos é genérico, servindo para muitas finalidades espirituais, o que mudará serão o lado magnético, os dias que correspondem à diversidade dos Orixás. Fazer um círculo de sal grosso colocando as sete velas brancas dentro deste círculo sentido horário. A vela amarela de sete dias no centro do trabalho, embaixo da vela será colocado o pedido, que deve ser de ordem pessoal, para realizar este trabalho para outras pessoas deve ser realizado dentro de um terreiro. O coco é um elemento catalizador das vibrações, sendo este um propulsor do pensamento e desejo da pessoa que está realizando a tarefa. A casca de Juá, bem como a arruda tem que ser colocadas dentro da magia para consagração para fazer banho, colocar a pedra brita dentro do banho, estes elementos são de proteção, descarrego e energização da pessoa beneficiada. Ativar a magia dando as determinações, estas devem seguir a direção magnética adequada, bem como os dias da semana, e as fases lunares. O médium precisa revisar os estudos que foram passados sobre estas características, só assim irá precisar melhor a ordem a ser seguida, sendo este trabalho genérico, com várias possibilidades. Seja para descarregos, para alcançar objetivos, para ajudar alguém, para afastar pessoas destrutivas, ou mesmo para proteção pessoal ou para a família.

A fita após sete dias deve ser amarrada em uma árvore, acenda uma vela branca para pedir licença ao dono do local antes, depositando também a moeda. Ao amarrar a fita finalizar os pedidos, no caso de descarregos deixar a pedra brita no local, no caso de proteção carregar consigo ou deixar embaixo da cama.

Evocação:

Evoco Deus, os Sagrados Orixás, o povo da Bahia e peço que: seja aberto meus caminhos, atraindo bons fluídos, descarregando o negativismo existente, atraindo forças curadoras e caminhos abertos. Se houver alguma força contrária às vibrações positivas que sejam diluídas e encaminhadas aos seus devidos lugares. Que a força de proteção me eleve e traga-me paz. Que assim seja!

Este trabalho pode ser adaptado a várias finalidades.

Magia com as velas para harmonização do lar

Materiais:

7 velas palito de mel
1 vela de sete dias amarela
Prato branco
Mel
Pétalas de rosas brancas
Três galhos de arruda
2 galhos de guiné
1 galho de tapete de Oxalá (boldo)

Magia para harmonização do lar é feito para todos os integrantes de uma casa, de preferência deve ser ativada pela matriarca ou patriarca do lar, em uma sexta-feira!

Fazer um círculo com pétalas de rosa, de preferência na sala de estar se tiver espaço, em um dos cantos. No caso de harmonização de filhos de santo de terreiro serve também este trabalho, sendo realizado dentro do terreiro.

As velas de mel colocadas formando um segundo círculo por dentro, no centro colocar os nomes dos integrantes da casa, colocar a vela de sete dias em cima dos nomes, acender todas as velas com a intenção na harmonização, pegar o mel e regar em torno da vela sentido horário. Esta magia deve ser ativada na direção magnética Leste, na direção do nascer do Sol. Os galhos com as ervas precisam estar dentro para serem consagradas nesta força, onde Mãe Oxum e Mãe Ewá serão evocadas. Este trabalho deve ser realizado na sexta feira de Lua Nova às 15h, quando for 15h35min pegar os galhos de ervas e passar na casa de dentro para fora. Realizar as evocações no momento da ativação da magia e quando estiver passando as ervas.

Evocação:

Evoco Deus, as forças e poderes de Mãe Oxum e Mãe Ewá e peço que: Seja ativado as vibrações de harmonização, de amor e elevação, que neste lar estejam as forças da paz, dos seres de luz. Se houver alguma força negativa que Mãe Oxum e Mãe Ewá envolvam estas forças transmutando-as em forças benéficas aos meus familiares (citar os nomes de todos que moram no lar). Que assim seja!

Esta magia dentro dos terreiros é importante para equilibrar vibrações dos filhos de santo, bem como melhorar os aspectos espirituais entre irmãos!

Magia dos anjos para várias finalidades

Materiais:

1 vela branca de sete dias
1 vela vermelha de sete dias
1 vela amarela de sete dias
1 vela lilás de sete dias
1 vela verde de sete dias
Pétalas de rosa branca
Arruda
5 taças

A magia das velas com os anjos (arcanjos) é poderosa para várias finalidades, os anjos habitam o universo humano, ajudando-nos na evolução e harmonização em todos os sentidos de nossa existência. Este trabalho precisa ser realizado no dia do Sol (domingo) é onde os influxos dourados tomam conta unindo vibrações angelicais que beneficiam o tempo todo. A Lua mais propícia para abrir esta magia é cheia, podendo ser aberta nas demais de acordo com a finalidade, esta magia se adapta a uma variação de trabalhos com os anjos.

Pegar as pétalas de rosa e a arruda fazendo uma cruz, a simbologia da cruz é variada dependendo da religião, cultura e finalidade, neste caso serão ativadas nas forças do Alto, Embaixo, Direita e Esquerda, de acordo com as características da religião de Umbanda.

A posição das velas é importante, sendo que a branca representando o arcanjo Metatron fica no centro da cruz, a vela vermelha no embaixo da cruz representando o Arcanjo Gabriel, na parte do alto colocar a vela amarela representando o Arcanjo Tzakquiel, do lado esquerdo da cruz a vela lilás representando o Arcanjo Rafael e a direita da cruz a vela verde representando o Arcanjo Miguel. Do lado de cada vela colocar uma taça com água representando as transmutações e forças.

Evocação:

Evoco O Poder Criador, as forças dos Anjos e Arcanjos e peço que: O arcanjo Metatron traga sua luz e elevação para minha vida, afastando as negatividades e fortalecendo meu anjo da guarda, peço ao Arcanjo Gabriel que atue nas vibrações do meu embaixo afastando os negativismos e ataques espirituais, peço ao Arcanjo Tzakquiel que se houver algum ser atuando contra mim, seja encarnado ou não, que suas vibrações sejam diluídas e encaminhadas ao seu devido lugar, peço ao Arcanjo Rafael que eleve minha mente, protegendo meus pensamentos e minha mediunidade, peço ao Arcanjo Miguel que traga a cura de meu corpo físico, espiritual e mental. Que todas as forças dos anjos me e protejam elevem este lar. Que assim seja!

Esta magia pode ser adaptada para várias finalidades.

Magia das velas para encontrar coisas perdidas na vibração de exu mirim

Materiais:

7 velas palito vermelhas
3 imãs redondos
3 copos
Pinga (marafo)
Pemba vermelha
7 cigarros

A magia de exu mim é poderosa, embora muitos pensem se tratar de criança, se enganam, é um exu que possui vibrações infantis, que com sua forma de atuar envolve cativa e executa tarefas das mais importantes dentro de um terreiro. Com energias que paralisam o negativismo, possui uma particularidade de força mágica que atrai o que se perdeu. Fazer um círculo com a pemba vermelha, neste caso fazer o círculo sentido anti-horário e posicionar as velas vermelhas no mesmo sentido, mentalizando o que está procurando (objeto, pessoa, podendo ser adaptado para emprego). Este trabalho deve ser realizado em uma segunda-feira de Lua Crescente das 23h até às 23h59min, dia de exu na vibração de atração de Vênus, isto significa que unimos as vibrações de exu mirim com as características que propiciam a magia. Ainda potencializando através do lado magnético adequado, na direção Leste, onde nasce o Sol, atraindo os influxos necessários para fortalecer a magia. Os imãs colocá-los formando uma pirâmide dentro do círculo de velas, colocando nos três copos a pinga, elemento que catalisa as vibrações expandindo o pedido através dos imãs. Faça a evocação determinando firmemente, não se esquecer de escrever sobre o que perdeu, ou o que quer atrair no centro do trabalho.

Evocação:

> *Evoco as forças da esquerda, as vibrações de exu mirim e peço que: Exu percorra todos os cantos e locais, me traga... (Citar o que perdeu). Peço ainda que através deste trabalho sejam diluídas forças que não me pertencem. Que assim seja!*

Este trabalho pode ser adaptado para descarrego, colocando no lugar dos imãs três pedações de carvão vegetal, despachando--os após a queima da vela. No caso deste trabalho com os imãs, estes podem ser guardados para outras finalidades com a força de exu mirim, ou mesmo guardar para repetir esta magia.

Magia com as velas, poderosa para o iniciado

Material:

1 vela palito branca

Um iniciado, médium ou dirigente espiritual (sacerdote) possui atributos em si já estabelecidos, forças assentadas e vibrações das quais o diferenciam totalmente. Ele com uma vela palito pode fazer um grande trabalho de magia, atraindo forças e anulando outras tantas ruins. No decorrer do *Manual de Magia com as Velas*, foi explicado sobre forças planetárias, forças magnéticas, ondas de frequência mental, horários e dias que propiciam todo um Poder ao nosso redor. Tudo que foi colocado aqui serve como instrumento poderoso de entendimento, o conhecimento transformado em sabedoria de vida, sabedoria sobre os influxos que determinam o Todo existentes nas escolas herméticas, de magias e religiosas. Ditando o iniciado de evocar e dar determinações que possibilita a ele mudar realidades ao seu redor com uma vela apenas. No dia em que seu Orixá Regente vibra sua força, acender a vela branca evocando-o, isto às 15h que é o ápice do Poder vibratório do Orixá. Com a vela acesa nas mãos virar em direção de cada ponto magnético dando as determinações de elevação, diluição, proteção, etc. Este procedimento realizado em cada fase lunar, iniciando pela Lua Nova, seguindo nas demais luas completando as quatro fases lunares. O médium não só se beneficia, mais desenvolve uma aproximação maior com seus Orixás, guias e protetores, dando-lhes condições de ter no médium um aparelho equilibrado e pronto para a tarefa espiritual.

Evocação:

Evoco Deus, Os Sagrados Orixás, guias e protetores e peço que: olhem por mim, pela minha existência, pelas minhas vibrações. Pai (Mãe) olhe pelo meu Ori, eleve-me em seu poder, traga-me discernimento. Meus guias me protejam e façam de mim um bom instrumento da paz e elevação. Meus exus me protejam, diluam as forças negativadas e me deem caminhos. Peço a todas as minhas forças que esteja sempre em minha vida me protegendo e elevando-me. Que assim seja!

Este trabalho deve ser realizado pelo iniciado sempre! Desta forma estará sempre preparado para ajudar, ajudando-se primeiro, pois só podemos dar ao outro o que realmente possuímos.

Magia de proteção e descarrego

Materiais:
1 vela palito preta
1 vela palito vermelha
1 pemba branca

Esta magia é realizada dentro de um templo de Umbanda ou em local reservado fora de casa no quintal, deve ser realizado para descarrego em Lua Minguante na direção magnética Sul, no caso de proteção deve ser realizado em Lua Cheia na direção Norte.

Para ativar esta magia deve-se ter atenção com o sentido do traço feito com a pemba, o pensamento deve estar ligado ao propósito. Seguindo o que já foi estabelecido, o círculo feito no sentido horário abre e atrai para proteção, sentido anti-horário fecha e repulsa para descarrego.

Em ambas as situações, utilizaremos as duas cores de vela, este trabalho deve ser realizado na segunda-feira com atenção com o horário a ser executado, para proteção ativar a magia às 14h e para descarrego às 22h.

Para proteção: contorne ao redor dos pés com a pemba, fazendo a silhueta de ambos os pés, voltado para o Norte, assim que feito o contorno saia e faça um círculo com a pemba sentido horário. Teremos a marca dos pés, coloque a vela preta na silhueta do pé esquerdo, e a vermelha na silhueta do pé direito, realize a evocação.

Evocação para proteção:

Evoco O Poder Criador, as forças espirituais dos meus guardiões e peço que: meus caminhos sejam abertos, que através desta magia eu seja envolvido com as vibrações de proteção e elevação. Que assim seja!

Para descarrego: contorne ambos os pés como já citado, porém no sentido anti-horário, o círculo também no mesmo sentido. Para descarrego utilizamos o ponto magnético Sul no horário das 22h, faça a evocação.

Evocação para descarrego:

Evoco O Poder Criador, as forças espirituais dos meus guardiões e peço que: todas as vibrações, trabalhos negativados, mal olhado e inveja sejam diluídos através desta magia e que sejam recolhidas cópias astrais de trabalhos feitos com meu nome. Que assim seja!

Obs.: esta magia pode ser adaptada de acordo com a intuição do médium, deve-se ter atenção que não se evoca com intenção negativada e sim para elevação. Após a queima das velas, o ponto firmado deve ser limpo com álcool ou pinga.

Magia com as velas para harmonização do lar

Materiais:

Café torrado em grãos

1 prato branco

1 vela de sete dias branca
1 copo com água
Folhas de boldo (tapete de Oxalá)

Magia poderosa para harmonizar as vibrações do lar na força anciã ligado aos nossos pretos velhos. O grão de café torrado possui uma grande força quando utilizado em magias, neste caso para harmonizar o ambiente, a vela potencializa as vibrações envolvendo a todos que moram na casa, afastando forças contrarias. Escolha um local dentro do lar, a magia pode ser feita no chão ou mesmo em uma mesa. Coloque a vela branca dentro do prato em seguida acrescente os grãos de café ao redor da vela. Ao lado do prato um copo com água agirá como captador de frequências de ordem negativada, durante os sete dias a magia age harmonizando e ao mesmo tempo captando o que deve ser transmutado. O dia mais apropriado para esta tarefa é o Domingo período da manhã, podendo ser ativado preferencialmente no horário das 8h até às 8h59min, direcionado no ponto magnético Leste. Anterior à evocação faça um banho com as folhas de boldo, assim seu campo mediúnico estará na mesma frequência do dia e dentro da força da magia.

Evocação:

Evoco Deus, as forças de Oxalá, as forças anciãs dos pretos velhos e peço que: as vibrações desta magia envolvam meu lar e as pessoas que residem aqui (citar os nomes dos moradores) descarregando-os e atraindo a harmonia e a paz neste lar. Que através da chama da vela se expanda as forças protetoras e que a água absorva o que deve ser transmutado e transformado em luz. Que assim seja!

Obs.: tendo o nome do preto velho evoque-o, este trabalho também serve para a corrente mediúnica de um terreiro de Umbanda. Após os sete dias descarregar a água em um vaso ou mesmo no ralo, os grãos de café podem ficar no ambiente por três meses, depois poderá ser descartado na natureza.

Magia da Cruz Sagrada

Materiais:

4 velas palito branca

1 esteira

Ervas: alecrim, manjericão, boldo (tapete Oxalá) ou erva ligada ao Orixá regente

A cruz possui uma grande força no mundo espiritual, dentro da magia, ou dentro da Umbanda Cruz, tem fundamento de elevação e fundamentação de forças. A cruz dentro deste trabalho significa o Alto, o Embaixo, a Direita e Esquerda, fundamenta o sinal da cruz no mais alto sentido da magia e na força da doutrina de Umbanda.

Esta magia de preferência deve ser realizada em local sagrado, dentro de um terreiro, se for fazer em casa o ambiente deve ser preparado, defumado e ativando as forças de Exu e Orixá para dar sustentação ao trabalho. Embora pareça simples, esta magia tem o poder de sustentar, assentar e elevar o médium, no caso de iniciante deve ser assistido por seu dirigente espiritual. Tomar banho com as ervas e colocar roupa ritual branca (esta roupa é de uso exclusivo dentro da tarefa religiosa), o local deve ser defumado e altar ativado como já citado neste manual.

Colocar a esteira em frente ao altar, bater cabeça aos Orixás e após isto acender as velas, acima da cabeça, na direção dos pés, à direita e a esquerda. Fazer a evocação em seguida, no caso de iniciante o dirigente faz a evocação com rezas específicas para o médium.

Evocação:

Evoco O Poder Criador, as forças do Alto, as forças do Embaixo, as forças da Direita e da Esquerda e peço que: todas as forças que vibram em meu universo espiritual sejam ativadas, que as forças do Alto me elevem através dos meus Orixás, ligando-me ao Poder Criador. Peço que as forças do Embaixo me reconheçam e que jamais esta força seja ativada contra minhas vibrações, que seja poder de fortalecimento da Criação para minhas vibrações mediúnicas. Que as Forças da Esquerda me protejam através dos exus proporcionando caminhos abertos e elevação espiritual. Que as forças da Direita através dos meus guias e mentores me tragam a paz e elevação de minha mediunidade. Que todos estes Poderes da Criação me proporcionem evolução e entendimento do universo espiritual humano. Que assim seja!

Obs.: para entendimento desta magia em sua totalidade recomendo o estudo do livro *Exu – A Mão Esquerda do Criador.*

Magia com as velas para proteção do primeiro dia

Materiais:

Velas palito correspondentes ao seu número mestre (descrito na parte dos números) quantidade e cor referente

1 pemba

1 papel
1 lápis

Esta magia é para ser realizada no dia de seu nascimento, o dia de aniversário, neste dia os influxos de força devem ser renovados e elevados. Esta magia é uma das mais poderosas para o iniciado para várias finalidades em sua vida, no caso de ser uma criança que ainda não atingiu os sete anos é bom para proteção e definição de sucesso. Para os adultos a atenção sobre esta data é fundamental, entendendo que se existe em seu caminho pessoas que se colocam como contrários estes se utilizarão desta referência para atacar sua espiritualidade. O intuito desta magia é além de dar proteção ao dia que sua força se renova, é potencializar tudo que deseja, impedindo ainda que possa absorver forças contrárias.

A direção magnética desta magia é Leste, onde o Sol nasce e à força evocada é de acordo com o Orixá que esta regendo este dia da semana, entendendo que esta magia se potencializa ainda mais quando o dia da semana é o mesmo do dia em que nasceu. Colocar as velas sentido horário dentro do círculo feito com pemba, o seu nome deve ser escrito com lápis em papel branco na mesma quantidade de anos que está fazendo. Faça a evocação com muita determinação direcionando cada palavra para os dias que se seguirão a frente.

Evocação:

Evoco Deus, os Sagrados Orixás, guias, mentores e protetores, peço que: neste dia se abram todas as portas espirituais, que minhas forças sejam renovadas, que os Orixás deste dia e os que me regem iluminem e protejam todos os dias de minha existência. Deus poderosa força que me direcionou até aqui, revista meu corpo, meu espírito com sua armadura, que os vossos mensageiros de Luz estejam sempre ao meu lado, que minha vida seja de saúde, sucesso e prosperidade. Eu como vosso filho sei que jamais sucumbirei diante das adversidades, pois vosso Poder está em mim, que o alto o Embaixo, a Direita e Esquerda de vossa criação vibre em Luz, Poder e Elevação hoje e sempre em minha existência. Que assim seja!

Obs.: O papel com o nome escrito, após a queima das velas, deve ser queimado e suas cinzas colocadas em um jardim. Esta magia pode ser adaptada e estendida para empresas, terreiros, comércios em geral, seguindo o mesmo mecanismo de data de abertura.

Magia Magnética para várias finalidades

Materiais:

- 1 imã redondo
- 3 punhais
- 3 moedas mesmo valor
- 2 velas de 7 dias

A utilização de imãs dentro da magia é de grande poder, tudo que realizamos dentro das tarefas espirituais envolve magnetismos e ampliamos estes magnetismos quando utilizamos imãs.

O poder planetário, lunar e espiritual se envolve dentro desta magia, onde o campo mental do iniciado é utilizado em conjunto com as forças de nossos exus.

O dia para se abrir esta magia deve ser correspondente a fase lunar que melhor se encaixa ao trabalho de magia desejado.

O diferencial está na lua que se ativa, os poderes são abrangentes e o iniciado deve além de respeitar as fases lunares e direção magnética, também se utilizar de sua intuição.

As quatro fases da lua possuem características que direcionam esta magia.

- Lua nova atrai novos caminhos, inicio de grandes empreendimentos, fortalecimento da mente para estudos.
- Lua crescente determina a força de avançar, crescimento profissional, elevação mediúnica.
- Lua cheia, forças de alta magia se abrem, possibilidades de atração de abundancia, proteção contra distorções magnéticas, força mediúnica.
- Lua minguante, eliminação de ataques espirituais, afastamento de forças negativas, limpezas espirituais.

As fases da lua amplificam a mediunidade e os magnetismos ativados. O imã é um elemento mágico que está intrinsicamente correlacionado ao poder magnético do planeta, obedecendo influxos de grande poder.

A união das fases lunares com os pontos cardeais potencializa ainda mais esta grande magia, que lembro aos iniciados, jamais utilizem este trabalho com finalidades de manipulação de pessoas, jamais determine ações de negatividades.

- Norte – aberturas de caminho, potencialização de força, determinação, vitalidade. Elemento fogo
- Sul – diluição de negativismos, potencialização de proteção, renovação, fixação, início nova fase na vida. Elemento Terra.

- Leste – atração de força emocional, desmagnetização de tristezas e trabalhos de amarração, renascimento. Elemento Água.
- Oeste – atração de bons negócios, crescimento profissional, revitalização das forças, prosperidade e crescimento. Elemento Ar.

Esta magia deve ser ativada no primeiro dia lunar que atende a necessidade do iniciado, bem como está voltado para o lado magnético adequado, atrair ou repelir, ativar ou diluir poderes, tudo isto está dentro do campo mediúnico do iniciado, unindo os conhecimentos aqui colocados. É sempre importante ressaltar que o médium deve ter seus assentamentos de direita e esquerda, isto determina muito para as ativações de magias religiosas.

Obs.: Os punhais devem ser pequenos e de ferro, o imã redondo, as moedas do mesmo valor. Colocando os punhais entrelaçados e as moedas nas extremidades deles, formando uma peça unida com os elementos. As velas de sete dias colocadas uma de cada lado sendo que o imã fica no meio, o iniciado fica de frente com o ponto magnético correspondente com o que deseja. Acenda as velas e dê as determinações em voz alta, o horário a ser ativado pode ser observado com a finalidade de unir os influxos dos poderes planetários e dos Orixás.

Magia de Proteção dos Quatro Cantos

Materiais:

4 imãs redondos
4 punhais
4 velas brancas
4 moedas corrente

Esta magia pode ser realizada em um cômodo ou mesmo no perímetro de uma casa, empresa ou templo.

Os cantos de um ambiente fixam-se forças que podem paralisar as energias de um espaço, atraindo forças que negativam, fixando vibrações que atrapalham dando sustentação a seres densos.

Quando neste local é realizado trabalhos espirituais, esta magia, possibilita para este local o impedimento de fixação influxos perniciosos.

Normalmente dentro de terreiros de Umbanda estes locais são consagrados, mas ter este recurso de magia, como forma de limpeza e eliminação de vibrações grosseiras é mais uma grande ferramenta.

Dentro do lar, ou mesmo empresa, é uma maneira de ter harmonia de vibrações, afastando forças que não pertencem ao local, melhorando a convivência entre as pessoas.

Tudo que é realizado dentro da magia, como já citado, responde dentro dos campos magnéticos, lunares e dias respectivos as forças que se pretende ativar. Os cantos não podem ser tratados de maneira igual, devem ser consagrados aos quatro elementos da natureza (terra, água, ar e fogo), definindo assim as forças a serem ativadas.

A abrangência de tarefas que poderemos realizar através desta magia é vasta, pois os pedidos corresponderão as fases lunares e aos dias que o iniciado quer ativar as forças. Podendo assim, ativar dentro de uma fase lunar propicia aos desejos do iniciado, bem como utilizar do dia planetário correspondente aos Orixás.

No âmbito geral os imãs podem ser colocados nos cantos, utiliza-se os punhais com as pontas viradas para o centro do ambiente, caso queira atrair forças, ou virado para o canto da parede, virados para fora, onde eliminará forças que possam estar atuantes neste local.

As moedas são utilizadas nas variações de forças que são ativadas, lembrando que a moeda é um dos elementos dentro da magia que atraem a fortuna, elimina forças de cargas vibracionais que se utilizaram de ataques pagos por desafetos. As moedas servem como pagamentos, muitas vezes o local tem donos espirituais, o pagamento é uma maneira de impedir que estes seres atuem atrapalhando.

Caso seja realizado dentro de um terreiro, peça aos guias cruzarem os elementos da magia, de preferência exu!

As velas devem ser colocadas na direção da força, sempre onde está a ponta do punhal, agindo como força ativadora das vibrações de atração ou retração.

Esta magia ativa-se com o iniciado no centro do local em direção a um dos cantos que representa o elemento da natureza que determina o desejo da ativação.

- Elemento Fogo – determinação, alta magia, direção de poderes da positividade, fixação de forças, potencialização da fé, vitalidade, força.
- Elemento Terra– renovação, início de uma nova fase, posição magnética valiosa para receber o sacramento do batismo e banhos de ervas, fixação, desmagnetização, foco.
- Elemento Água– desmagnetização, princípio, fortalecimento emocional, posicionamento magnético que propicia desmanchar trabalhos de ordem destrutiva, renascimento, decisão.
- Elemento Ar – evolução, crescimento profissional, abertura de caminhos, vitalização das energias, trabalhos de prosperidade, concretização, melhoria do campo mental, fé.

Obs.: as moedas após a queima das velas devem ser dadas como esmola, servindo assim como agente mágico de dissipação de vibrações, movimentando positivamente a energia do pagamento. Os imãs e punhais servem para que esta magia seja realizada várias vezes para outras finalidades.

Magia Exu Mangueira

Em primeiro lugar quero relatar sobre o fundamento do nome desta entidade espiritual ao qual me acompanha desde minha infância.

As forças espirituais, ou guias que militam a religião de Umbanda, trazem consigo em boa parte deles, nomes simbólicos. Estes nomes traduzem sua força, seu campo de atuação, seu atributo (o que ele é), sua atribuição (o que vem realizar).

Muitas religiões têm em sua base de fundamentação árvores, que reverenciam o próprio Criador, a árvore da vida, a árvore genealógica, etc.

No caso de Exu Mangueira é a representatividade de uma árvore que atinge com suas raízes as profundezas do embaixo e o alto em sua copa onde recebe os influxos Do Criador. Ele como agente de uma ordem e equilíbrio é associado a Pai Xangô, a Pai Ogum e Pai Oxóssi, porém transita sob a égide de todos os Orixás. Enquanto Poder da Criação, o Mistério Exu Mangueira é uma das muitas forças atuantes, dentro de uma magia religiosa a árvore que sustenta a retidão, o movimento, o equilíbrio e a ordem.

A raiz como base de equilíbrio está ligada a Pai Xangô, o tronco e galhos a Pai Oxóssi, o fruto a Pai Ogum, este poder é sagrado e está alinhado aos quatro elementos da natureza, aos eflúvios lunares, aos magnetismos norteadores, ao tempo e a liderança sobre a utilização dos poderes dos astros na Magia.

Assim, compreendemos que Exu mangueira não se trata de um ser apenas, e sim, de algo maior, um poder, onde muitos são Exus Mangueira, por grau e mérito!

Sua manifestação dentro da religião é como reguladora e seus aparelhos normalmente passam a ser direcionados para tarefas de edificação da própria religião. Assim como outros Exus, que através de vossos nomes simbólicos levam suas mensagens e suas magias, sempre com finalidades de elevação e resguardo das místicas de Umbanda.

Existe uma variante de magias realizadas por Exu Mangueira, sempre como forma de fixar forças, eliminar vibrações degeneradas, encaminhar pessoas e seres, fortalecer a mente e o espírito.

Dentre estas magias, ele, Exu Mangueira que me assiste, me passou e deu sua permissão para uma delas utilizando se de búzios africanos e pedras. Lembrando que todos os Exus atuam com uma única intenção sobre nós encarnados, proporcionar caminhos para vivermos melhor, evoluirmos e sermos agentes de sustentação destas positividades.

Em hipótese alguma se utiliza de ferramentas de Exu para negativar quem quer que seja. Tudo que está nesta obra age através da ação e reação, tudo que determinamos a alguém retorna para nós!

Elementos:

8 búzios africanos

3 pedras Ônix (tamanho próximo ao búzio)

1 prato de barro raso

1 vela preta

1 vela vermelha

Antes mesmo de falar sobre como realizar esta magia, peça licença a Exu Mangueira, vá na natureza, de preferência em frente de uma mangueira, coloque uma moeda como forma de pagamento sobre a magia que irá utilizar, mentalmente agradeça. Não acenda vela na mata!

Todos os elementos com a exceção das velas devem ser banhados com pinga (marafo).

O prato serve como base do trabalho, os búzios e pedras devem estas nas mãos, mentalize o que deseja e jogue no prato.

Os búzios devem cair uns abertos e outros fechados, os abertos significam sim, positivo, os búzios fechados significam não, negativo.

É um trabalho onde seu mental deve estar alinhado a Exu, quebras de negativismos, de pensamentos ruins, anulação de agentes perversos, se faz através da queda do búzio.

Os búzios abertos devem permanecer, pegue os que caíram fechados, mentalize novamente e repita a ação até que eles caiam todos abertos. Sempre pegue as pedras para fazer o jogo junto com os búzios.

A quebra de demandas se dá neste trabalho, o iniciado deve ter a mente focada e os resultados são poderosos, as pedras são jogadas junto com os búzios e as velas devem estar acesas ao lado do prato.

Esta magia pode ser realizada em qualquer dia da semana, porém se ativar em dia e horário do seu Orixá os resultados são fantásticos, as fases lunares e a direção magnética que o iniciado estará virado potencializa muito o trabalho.

Mesa de reza

Como já citei o intuito do manual é dar um caminho de atuação com a magia utilizando-se de velas, sem as receitas diversas, mas apontando algumas formas que possibilitam o crescimento mediúnico. A mesa de reza é algo que recomendo a todos que atuam na espiritualidade. Trata-se de uma mesa de madeira ou granito, embora eu prefira de madeira rústica, ambas são de elementos que agregam energias e reproduzem forças desde que esteja consagrada.

A mesa recebe símbolos ligados ao medianeiro, recomendo a cadeira também de uso exclusivo para tal finalidade, está se torna um elemento vivo, pode ser utilizada para a leitura de oráculos, ou mesmo para ativar as magias.

A abertura de magias, de maneira concentrada, se dá em ambiente livre de outras atividades, portanto recomento local de uso sagrado.

A mesa deve ter o indicativo dos pontos magnéticos, pois o medianeiro, dirigente espiritual ou sacerdote estará sempre em frente ao ponto magnético correspondente ao trabalho de magia que executará.

Uma vela acesa na mesa, consagrada ao Orixá, ou mesmo a Exu, isto de acordo com o trabalho a ser executado se abre um vórtice de vibrações, das quais beneficiará o evocador e as pessoas que por ventura receberão do iniciado os benefícios.

Realizar uma tarefa como esta requer entender o caminho, entendemos que toda pessoa que vai atuar na espiritualidade tem suas firmezas e assentamentos feitos, ninguém pode atuar sem que haja o devido preparo.

A mesa deve ter em seus quatro pontos magnéticos, pedras que representem as forças dos magnetismos, estes ligados as respectivas forças lunares, ativadas no dia e hora de seu Orixá regente. Realizando esta tarefa temos um espaço mágico pronto para ser ativado no momento que necessitarmos.

No centro da mesa a vela representando o pedido, as forças evocadas, cabe o iniciado fazer as evocações e determinações de acordo com os propósitos desejados, somos manipuladores de forças e a magia é acima de tudo o encontro com a criação, com o Ser Supremo e com as forças que nos sustentam.

Diferente de um altar, a mesa o iniciado se encontrará sentado, onde ele estará buscando sua essência espiritual e o magnetismo mental adequado para a tarefa da magia.

Concluo dizendo, a magia é o meio onde evoluímos, entendamos que tudo o que está nas esferas religiosas naturais estão intrinsicamente ligadas a tudo aqui revelado. Estaremos manipulando forças diversas e estas se tratam de magia, força pura, força divina e sagrada para quem respeita e vivência! Se interiorizar e buscar o porquê de sua existência é tarefa do iniciado, só através da compreensão dos elementos e da história sobre aqueles que anteriormente percorreram o caminho, entenderemos o nosso!

Dedico este trabalho aos nossos ancestrais, a todos os estudiosos que proporcionaram chegarmos até aqui!

Epílogo

Seguindo o conselho do velho sábio ele seguiu o caminho se embrenhando na mata pelo estreito caminho entre flores e ervas aromática até chegar à estrada dos peregrinos.

Saindo muito cedo viu o nascer do sol a leste e à medida que caminhava o iniciado lembrava-se dos dizeres do velho, que com seu cajado nas mãos e caminhando lentamente sempre mostrava a importância do aprendizado e da tarefa.

Caminhando há horas e se alimentando de frutas silvestres e raízes viu o dia passar em meio ao canto dos pássaros, aproveitando para meditar sobre o valioso conhecimento passado. O sábio citou sobre a importância dos astros, sobre o respeito à natureza, sobre a espiritualidade e a grandiosidade de Deus, sempre a luz das velas feitas de cera de abelha.

No final do primeiro dia, já cansado, pois havia parado poucas vezes para descansar, o iniciado encontra a pedra da perseverança, lembrando que o caminho mesmo sendo árduo, é fundamental perseverar em nossa jornada. Ele encontrou um local onde poderia dormir, estava muito cansado, porém muito entusiasmado, após se deitar adormeceu.

Ao alvorecer reiniciou sua jornada e no caminho dos peregrinos encontrou as pedras uma a uma, a segunda pedra do crer, fez com que ele refletisse sobre a fé, pois só com este atributo tão valioso poderia perseverar em seu caminho.

A terceira pedra com seu significado sobre ação e reação fez com ele se lembrasse dos ensinamentos sobre o que o velho sábio falava em fazer o bem, pois só quem faz o bem recebe o mesmo.

A quarta pedra de afinidade fez com que relembrasse sobre o encontro com seu professor, no dia que isto ocorreu o velho disse: "filho você está aqui por que temos a mesma essência, embora tenhas que aprender, tens o coração bom, isto é afinidade!"

A quinta pedra encontrada me lembrou de momentos que passei em minha vida, coisas ruins e raiva. O mestre ensinou haja com razão e bom senso, e quando estou para decidir algo, procuro não fazê-lo com raiva, isto é bom senso, observar com os olhos da razão, isto quer dizer ter o domínio sobre as emoções. Para mim um grande aprendizado como iniciado.

A sexta pedra encontrada foi a do amor e capricho, pois tudo que se faz com dedicação só acontece quando temos amor no coração, automaticamente o capricho se faz presente e tudo fica bom.

A sétima pedra foi a da magia como arte de viver, vi que a magia é uma forma de caminharmos sabedores de nossos passos, encontramos o verdadeiro sentido de tudo, inclusive da vida.

Já no final do dia, caminhando e meditando sobre cada pedra já adquirida, encontrei a oitava pedra a da humildade, pensei em cada pedra e mesmo com tal conhecimento, vi a importância da humildade, pois sem ela de nada serve as anteriores.

Já era início da noite e chegando a uma velha casa, iluminada por velas, sombreava a silhueta de alguém que estava sentado em uma cadeira. O iniciado chegando próximo observou que a pessoa sentada se tratava do velho mestre, sentado com seu cajado e cachimbo aceso, e surpreso perguntou:

– Mestre, mas como é possível o senhor já está aqui, andei incansavelmente durante dois dias! Disse o iniciado boquiaberto.

E o mestre responde:

– Filho o caminho que percorreu o conheço a muito, sei dos atalhos e de todas as pedras que lá se encontram.

Após esta explicação e o entendimento sobre o caminho, o iniciado pergunta:

– E a nona pedra mestre?

– A nona está em você, chama-se vontade, pois sem a vontade de aprender de nada serve apontar o caminho, se não tivesse em si este importante elemento não sairia do lugar onde estava.

Moral da história! Só busca quem tem vontade de aprender, só adquire conhecimento através da perseverança e da fé que direcionarão através da razão e bom senso, sem perder o equilíbrio da ação e reação, se utilizando da magia com humildade!

A leitura e aplicação do conhecimento é parte de seu caminho.

Distribuição exclusiva

AQUAROLIBOOKS®